裁判官の心証形成の心理学

ドイツにおける心証形成理論の原点

G・ボーネ 著

庭山英雄
田中嘉之 訳

北大路書房

訳者まえがき

私は一橋大学大学院において、植松正先生の薫陶を受けた。当然のことながら、在学中に先生の代表作『裁判心理学の諸相』（世界社、一九四七年）などを読んだ。そしてこういう学問的領域があることを初めて知った。忘れられない当時の思い出がある。九州大学で刑法学会が開かれたさい、先生は研究報告をされた。報告が始まってすぐ、一人の女性が突然入って来て先生と言葉を交わした。そのあとアンケート用紙が配られ、記憶している事項を記すよう求められた。私には正確な記憶がほとんどなかった。びっくりした。

私がジェームス・マーシャル著『法に挑む心理学』（書評、中京法学二巻一号、一九六七年）を発表したり、自由心証主義の研究をライフワークに選んだりしたのも、先生からの影響によるものと思われる。植松先生の退官記念号には「刑事裁判における法現実主義に関する一考察」（一橋論叢六二巻四号、一九六九年）を寄せた。先生にはあまり誉められた記憶はないが、この時には「司法研修所の講義での必読文献に挙げておいた」とのお礼の言葉を頂いた。もう一度だけ誉められた記憶がある。それはケンブリッジ大学のウイリアム・グランヴィル教授のもとに留学が決まったことを報告に行ったときである。先生は降りしきる雨の中を自宅から荻窪の駅まで送って下さった。

本書の翻訳出版を志したのは、こうした経緯の延長線上にある。心理学者がいかにすばらしい研究成果を発表しても、それは裁判官にとっては判断資料の一つにしかすぎない。裁判官の心証形成の対象の一環にしかすぎない。心理学の研究成果を裁判に生かすためには、裁判官の心証形成の構造を知る必要がある。その構造解明のためには、どうしても心理学者の助けが必要である。「法と心理学との架け橋」を志すならば、この方面の研究の発展にぜひご協力頂きたい。

最後に、本書の翻訳の転載ならびに付録各種論稿の転載を認めて下さった中京大学法学会、一橋論叢編集所（一橋大学）、現代人文社、判例タイムズ社及び終始親身になってお世話下さった関一明氏に心から感謝の意を表したい。

二〇〇五年秋　東京渋谷の研究室にて

庭山英雄

目次

原著者・共訳者紹介

本稿は Gotthold Bohne, Zur Psychologie der richterlichen Überzeugungsbildung, 1948〔Kölner Universitätsverlag〕の「本文」を訳出したものである。同書の名声については改めて言うまでもないと思われるが、ドイツでも日本でも事実認定に関係する論文では必ずと言っていいほどに引用される。裁判官の心証形成の研究のための必読の文献と考えてよいと思われる。にもかかわらず同書の翻訳はわが国でまだ出ていない。これほどしばしば引用されながら邦訳が出されていない本も珍らしい。おそらく同書が法律学と周辺科学との境界領域に属するので翻訳が困難なためであろう。

宮沢浩一編『外国刑事法文献集成Ⅰ』(一九七六年)二三四頁によれば著者のバック・グラウンドは次のようである。

著者ボーネ博士のフルネームは Gotthold Hermann Bohne。一八八〇年七月二五日、ケムニッツ郊外のブルクシュテットに生まれた。グライフスワルト、イェーナの両大学でまず神学と哲学、次いで医学と法学を学び、一九二二年にライプチッヒ大学私講師となった。指導教授はのちに同大学総長にもなったリヒアルト・シュミットとのことである。その後間もなくケルン大学から招聘を受けてそこに移り、一九二三年には正教授に就任した。以後他大学からの招聘も断ってずっと同大学にとどまり、一九五七年八月二八日ケルンで死去した。享年六七才であった。

主要著作には次のものがある。

『十二〜十六世紀のイタリヤ都市法における自由刑』第一巻（一九二二年）、第二巻（一九二五年）
『イタリヤ刑法・訴訟法典における女性の地位』（一九二六年）
『裁判官の心証形成の心理学』（一九四八年）（著者五八歳）
『人間の尊厳と刑法』（一九四九年）
『裁判心理学』（アルタヴィラ論文のザックス教授との共訳）第一巻（一九五五年）、第二巻（一九五八年）
『裁判歯科医科大学』（一九五六年）
「淫行勧誘罪」フランク祝賀論文集第二巻（一九三〇年）四四〇頁以下
「犯罪的人格の個体心理学判断」国際個体心理学雑誌第九巻（一九三一年）三三〇頁以下
「組織犯罪、集団犯罪および団体責任の理論と実務」ザウアー祝賀論文集（一九四九年）一一八頁以下
「確実性と境界を接する蓋然性」（NJW 38, 1377）
「自然法と正義」レーマン祝賀論文集（一九五六年）三頁以下

右の著作からもわかるようにかなり異色の法律学者だったようである。そのことは彼の死後に捧げられた二編の追悼文（ZStW, Bd. 69, 1957, SS. 499-500; Lang Hinrichsen, Zum Gedanken an Gotthold Bohne, Juristenzeitung, 1958, SS. 377-378）からもうかがえる。しかし、事実認定論を含む幅広い領域にわたる特異な業績に対し賛辞が惜しまれなかった。それを書いた一人ラング＝ヒンリクセン博士も今は亡い。

ボーネ教授がリヒアルト・シュミット教授の門下であることついてはすでに触れたが、同門にはヘルムート・フォン・ヴェーバー、リヒアルト・ブッシュ、ウルリッヒ・シュトックといった錚々たるメンバーが揃っている。これらの人達の業績と比較するとき、ボーネ博士がアウトサイダー的存在であったことは否定できない事実であ

ろう。しかし、誤判研究でわが国にもよく知られるカール・ペータース教授の教授資格請求論文「刑法上の効果を決定する際の刑事裁判官の刑事政策的地位」は一九三二年に当時ケルン大学教授であったボーネ博士に提出されている（カール・ペータース著宮沢浩一訳「自由心証の限界」ジュリスト一九七四年二月一五日号五五頁）。ペータース教授の誤判研究も遡ればボーネ教授の影響と考えられないでもない。もしそのように考えられるとすれば、ボーネはペータースを通じてわが国の刑事司法に少なからぬ影響を及ぼしていることとなる。なおすでに亡くなられたハンス・ヴェルツェル教授の教授資格論文作成時の指導教授もボーネ博士とのことである。（福田平「ハンス・ヴェルツェル先生の御逝去を悼む」ジュリスト一九七七年六月一五日号九二頁）。

当初の翻訳の許可は未亡人エルナ・ボーネ博士より直接頂いたが、その過程でアウグスブルグ大学のヨアヒム・ヘルマン教授（Prof. Dr. Joachim Hermann）にはいろいろお世話頂いた。また著者の略歴等につき慶應義塾大学の宮沢浩一教授（いずれも当時）から種々御教示をえた。記して感謝の意を表したい。

ここで共訳者の紹介をさせて頂く。田中嘉之氏は一九四二年生まれ。一橋大学法学部、同法学研究科修士課程、司法修習を経て長らく名古屋で弁護士を開業していたが、二〇〇一年に急逝された。同氏の修士論文「不確定概念に基づく行政行為の司法審査」でわかるように学生時代は行政法に興味を抱いていたが、実務家になってからは事実認定に強い関心を抱き、その方面ですぐれた業績（後掲②③）もある。同氏は科学哲学及び論理学の観点から事実認定の研究を進めており、事実認定論についての造詣は深い。同氏の協力がなかったら、本訳業が日の目を見ることはおそらくなかったであろう。

参考までに同氏の著作を次に記す。①「H・L・A・ハート著刑罰と責任」（紹介・共著）中京法学五巻四号（一九七〇年）、②「因果関係の証明㊤㊥㊦」一橋論叢六六巻五号、六号、六七巻一号（一九七〇〜七一年）、③「イタイイタイ病第一次訴訟第一審判決にみる因果関係論㊤㊥㊦」同六八巻三号、四号、六号（一九七二年）、④「W・

ケッサー著刑事訴訟における真実探求」（紹介・共著）判例タイムズ三四〇号（一九七七年）、⑤「R・エグレストン著『証拠、証明、および確率』」（書評、共著）、⑥「事実認定における予断偏見」庭山古稀・民衆司法と刑事法学（一九九九年現代人文社刊）。

なおわたくしの事実認定論については、上野正吉・兼頭吉市・庭山英雄編著『刑事鑑定の理論と実務』（一九七七年成文堂刊一〇一頁以下）および拙著『自由心証主義』（一九七八年学陽書房刊）を参照頂ければ幸いである。

最後に法と心理学会、日弁連目撃研究会、同人権擁護委員会誤判原因調査研究委員会、東京弁護士会刑事弁護研究部などから絶えず刺激を与えられ、本書の解説の作成に大いに役立ったことをここに記しえて欣快に堪えない。

（文責・庭山）

◆訳者注記◆

以下の訳文中、原注は［　　］（ただし必要最小限度）、訳者注のうち長いものは脚注、短いものは（　　）で示した。

裁判官の心証形成の心理学

第一章　問題の提起

民事訴訟手続においても刑事訴訟手続においても、裁判官は弁論の全内容特に証拠調の結果を考慮して、自由なる確信にしたがって決定できるとの自由心証主義（Der Grundsatz der freien richterlichen Beweiswürdigung）は、あらゆる近代裁判手続の非常に重要な構成要素になっているので、将来の改正においても事実認定についての裁判官のその機能につき疑問をさしはさむことは決してないであろう。それは、同様に疑うべからざる次の理由による。すなわち、裁判官の自由なる確信形成というこの原則は、法律による心証形成の規制つまりいわゆる法定証拠主義に代わって登場してきたものであるが、心的過程に対するわれわれの今日の理解では、真実探求の原則の貫徹にとって不可欠な手段の一つ（いわゆる実体的真実主義）であり、この原則なくしては裁判官が事実認定できるとはおよそ考えられないのである。

裁判手続においては、ある証拠方法が要件事実の証明に役立つかどうかということが結局いつでも問題になる。裁判官は当該証拠方法の適格性をその要件事実との関係で決めなければならない。このことは特に裁判官が自己の感性的知覚（sinnliche Wahrnehmung）でもって、直接的知識（書証の内容、検証対象の状態、人の挙動など）を獲得することができず、提出された証拠方法から直接的要件事実（要証事実）を推論しなければならない場合にあてはまる。たとえばある証人が「Aは一〇〇〇マルクよこさなければ射ち殺すぞと言って目の前でBを脅した」と述べたとする。この場合、証人がこういう供述をしたこと、あるいはこういう言葉を使ったことは、裁判官にとって確実であり、裁判官がその供述の意味を正しく理解したということもまた同様に確実であるが、AがBから上記のようにして強奪した、あるいは強奪しようとしたという事実は、直ちに確実であるというわけではない。証言の内容から、本当に供述どおりの出来事が起こったということを推論するためには、裁判官が証人の供述を「納得がいく」と考えること、つまり当該供述は証人の言葉が表わしているとおりに、真実ならびに現実すなわち証言された歴史的事件に対応しているとの想定も、「心証」を得なければならない。しかも、裁判官が証人の言葉つまりその意味や内容を正しく理解したとの想定も、書証を読んで偽造や傷害を認定する際に裁判官が自己の見分を信頼できるとの想定も、そして自己の感覚の確実性についての裁判官の「心証」も、すべて彼の感覚器官その他の機能に負うものであることを、さしあたりここで述べておく必要があろう。このような場合の証言の評価は、実務においては間接証拠による証明という最も頻繁に起こる事例の一つであるが、その場合に直接的証拠方法が一つも提示されていないことが明らかであっても、通常、間接証明とは全然考えられていない。なぜなら、供述の正しさに関する裁判官の確信は、証人の信用性・感性的知覚の正確さならびに供述の基礎になっている記憶素材の純粋さなど、より広い心証にもとづくものだからである。

このケースに劣らず少なくないのが、次のような場合である。すなわち、証人として立てるような人が誰一人として当該事件を目撃していないとか、当該事件発生の際に居合わせた者が固く供述を拒んでいるとか、証人の供述が信用できないとか、いずれの理由からであれとにかく、知覚を伝達されることによって決して認識に到達できない事件につき、裁判官が心証を形成しなければならない場合である。たとえば、被告人が強盗殺人の嫌疑を受けている場合、被告人が否認しており、しかも目撃証人がいないなら、被告人が犯人であることの心証は、次のような多くの情況証拠を総合して理由づけられなければならない。被告人は犯行時に金に困っていた。借金しようとしたができなかった。殺人の行なわれた後多額の金を支払った。

さらに、被告人の着衣から人間の血痕が発見され、その蛋白質群が被害者のそれと一致するとか、信用できる証人の申立によると被害者が犯行の直前に被告人と一緒に酒場におり、金のいっぱい入った財布から代金を払うのを目撃されたとか、の事実が認定されるかも知れない。これに加えて、前科によると、被告人は粗暴で暴力的な人間とみなさざるをえないという事実が認定されるならば、これらおよび他の同様な情況証拠から、被告人が犯人であることがおそらく推論されるであろう。

こういう場合には、いろいろな間接事実を因果的判断によって適切に結びつける思考作業が問題になるが、原因から結果が推論されることもあれば、その逆のこともある。しかし、ある結果はいろいろな原因を持ちうるし、原因はいろいろな結果を惹き起こしうるのであるから、法的判断に関連性のある事象が「唯一の可能な原因あるいは結果であると証明されるかどうか、したがって他の原因もしくは結果が不可能ないしきわめてありうべからざることとして除外されるかどうか」の点如何にかかってくる。この証明に成功するまでは、被告人が犯人であることは疑問とされなければならない。これに成功したときに、裁判官は、彼が犯人であることにつき「確信を抱く」。すなわち、確信とは、一つの事実ないし事実群に対する疑問の克服が自覚されるか、実現されるかする心的事象（psychische Vorgang）なのである。

自己の感性的知覚の信頼可能性についての心証の存在という事実をわれわれが度外視すれば――そういう心証自体多くの日常的経験から生ずるものであるが――確信形成の主要領域は間接証明の処理にあることがわかる。ここでもまた、次のことは各自の経験の教えるところである。すなわち、こういう証明は、たとえあらゆる推論に関する論理則を考慮のうえ最大の慎重さと自制とをもって行なわれたとしても、蓋然的判断を可能にするにすぎないのであって、確実的判断が可能なのは、たとえばアリバイの証明が成功した場合のように、推論が消極的結論に至る場合だけである。その場合、「確信」の存在することと確実的判断と必ずしも同一視されるべきではないし、他方、疑問――確信の反対――の場合には、確信機能（Überzeugungswirkung）を伴わない蓋然的判断だけが可能であるということは明らかである。単なる蓋然性判断の場合にも、ある事件がしかじかの起こり方をした蓋然性があるが、当該事件の明白さについての確証はえられない、との心証は当然生ずる。たとえば、鑑定人が二通の比較すべき文書の作成に同じインクが使われた蓋然性は高いが、インクの同一性につき確実なことは言えない（「〜が誤りであることは証明されない」）ということを示すならば、裁判官は、こういう判断を自己の心証の素材にするであろう。なぜなら、それによって法的要件事実に対する内心の態度が確定すれば、それまで支配的であった、可能な同一性の確認に関する疑問が消失するからである。

以上のことは、われわれが確実性判断に関連してのみ心証形成を云々することに慣れており――少なくとも感情にマッチしており――、またこれだけを事実認定に使うことを常としているので、疑問に感じられるかも知れない。しかし、「確実性」という言葉は、ここで二つの関係、つまり一方では判断の内容を指し、他方ではこの判断に対する内心の態度を指しているという関係で使われていることをはっきりさせておかなければならない。心証形成の場合には、このうち後者の確実性だけが問題になるのであって、それは疑問と対立するものである。なぜなら、証明のないことを理由に被告人に無罪を言い渡した裁判官は、自分の判断の正しいこと――刑事責任の確定されないこと――につき過信を持っていないとはおそらく言えないからである。この種の確実性が程度に差のある蓋然性――犯人であることの確からしさ・不確からしさ――に拠っているからといっても、以上の点の正しさに何ら変わりはない。なぜかといえば、仮にそうでないとすると、そういう無罪判決は裁判官の心証に基づいていない、と言わざるをえなくなってしまうからである。

質的蓋然性［内心的確信にかかわる］と量的蓋然性との区別も、このことと関係がある。裁判官の心証形成の場合に、後者が問題になることは決してない。理由はこうである。前記の量的ないし数字で表わされる蓋然性は、量的な規定が可能であるばかりでなく、少なくとも学問的領域では正しく不可欠の概念なのである。さらにそれは、数量的に規定可能な判断に統計的確率のあらゆる大きさが対応するようになっており、したがってこの領域では数学的証拠に匹敵するから、それが強さの程度に差がある疑問の対象になることは決してない。それは純粋な了解活動の所産であり、もし確率と相関関係との計算が正しく適用されるなら、特定の事例につき一定の確実性を持った結果だけを予期させる命題に基づいているから、疑問は絶対的に除去されることとなる。これと反対に、間接証明ないし帰納的証明はいつでも蓋然性に導き、その蓋然性自身――程度の差こそあれ――客観的確定可能性の意味での確実性すなわちその程度を数量的には全く評価できない質的蓋然性に接近して行く。しかしこのこと――それは一方では数字の確実性と対立し他方では宗教的信仰の確信と対立する――は実生活上の確実性にかかわる裁判官もつねに問題を含んだ判断にしか到達できないこと、またその判断は真実意識（Wahrheitsbewusstsein）の強さの点ではさまざまであること、さらにある程度流動的な段階で当初の疑問を克服するに十分な確実性ないし真実意識に接近しうることを意味する。しかも経験の示すところによれば、確実性の達成ないし疑問の克服という曲線上にあるこの点は、人によって異なる位置にある。すなわち、ある人にとって疑問を克服するのに十分な論証でも、他の人にとってはまだ十分ではないとされることがあるのである。このような分水圏にあたる位置に到達したとき、すなわち疑問が克服されたときに、「確実性」（確信、証明対象を真実と解する内心的態度を意味する）が裁判官の心に現われる。それと同時に、疑問をさらに除去すること、要証事実をさらに解明することが不可能と裁判官が考えざるをえない内心の状態に達する。そして、それが裁判官にとって「確実性と境を接する蓋然性」が存在すると考えられる到達点に外ならないのである。

このように、量的蓋然性は状態ないし事象につき、可能な精確さの枠内で、客観的確実性をもたらす。これに対して質的蓋然性は、もはやそれ以上に解明不能という主観的確実性をもたらす。これら二つの蓋然性の違いは、数学的比喩によって次のように特徴づけられる。不連続的に決めうる蓋然性の大きさは、その段階ないし量が不連続曲線の微分商に対応するが、実生活上の心証形成に導く質的蓋然性は、切れ目なく連続的に続く曲線に対応し、その個々の無限に小さく変化する「段階」（推定する、想像する、信ずるなどのレベル）から微分商の総和つまりいわゆる積分が生ずる。この比喩を敷衍すると、到達された状態、すなわち確実性の「点」ないし疑問の克服された状態は、この曲線の積分（これには常に主観的定数が付く）と同視可能だということとなる。

このように考えると、心証は疑問を制約する表象の連結からの終局的産物であり、またそれは、これらのいわば心理上の力の作用のベクトルであり、さらにその力の作用自体が、いろいろな間接事実を考慮して行なわれる比較考量的過程であることがわかる。そういうベクトルの数が多ければ多いほど――ベクトルの数に応じてその組合せの可能性も増えるから――解決の方向を見極めることおよび疑問を克服することは難しくなる。けれども、次のことは明らかである。純粋に理知的に推移するところの、つまり合理的に決定され、しかも合理的手続の範囲内でのみ終始問題にされるのではなくて、むしろ主観的定数のために難易差が生ずるのであるから、可能な疑問克服ないし除去過程に要求される心証は、たとえば数学の命題または数学の解答のように客観的に正しいと証明されることは決してない。

したがって、心証形成の過程が連続性の原理に支配される動的過程であるから、量的蓋然性を使って行なわれ、明証（Evidenz）に至る（数学などの）考察は、統計的考察であって、不連続性の原理や量的変化に従うところの、知性のみを必要とする考察であるのに対し、疑問の克服の方は、主として情緒により条件づけられている考察ということとなる。因果関係の概念が純粋理性のカテゴリーに入るのと対照的に、心証形成は正しく情緒的思考のカテゴリーに入るということができる。すなわち、日常生活において自由に行動するためには、そしていろいろな決定の可能性に直面して決心するためには、行動を可能ならしめる確実性の状態に達しているとの認識が必要である。その状態とは、純粋に理性的な考察によって疑問を除去できない場合にも、通常は（無意識的に起こる）排除の過程によりもたらされた――決定を妨げあるいは困難にする――疑問の克服された状態のことである。無限に多様な現象を整序する秩序の助けにより、概観可能性・分類可能性そして最終的には統御可能性を――とりわけ因果性によって――生み出すのに役立つ悟性がその固有のカテゴリーにしたがって、一定の尺度と秩序原理をわれわれに与えるのと同様に、情緒的領域で発せられる「疑問排除」の訓令は、秩序づけられてはいるが要求と努力に応じ、なお無限に多様な決定の可能性を持つ現実の中で、われわれに決定の自由を与える。蓋然的考察の一定の点――比較考量的考察の起点からその点までの距離は、組合せの可能性の数にもよるが、なかんずく人的な「性格定数」（確定された性格）によって決定される――に到達するや否や、精神物理学的メカニズムがこの決定を受け容れるという事実をもちろん明確に自覚しないままに、われわれは習慣的にこの決定の段階で意志の自由があると考えている。この排除の過程は、いずれにせよ、次の場合に発生する。すなわち、純粋な悟性の働きが、可能な思考のカテゴリーの助けを借りてもなお決定の困難さを克服できないがためにそれ以上機能せず、決定の形成もしくは行動の直接的実現がもはや不可能である。

判断過程と――結果発生の可能性に配慮した――決定過程との類似性を知ることは、前者の本質的性格の認識のための必要欠くべからざる前提である。心証形成もまた、当然のことながら内心の領域に属する一種の「行為」である。と同時に、それはわれわれにとってきわめて確かで、しかも行為自体の特徴のすべて、ことに不決断の克服という性質を具備している行為である。疑問克服の「テンポ」（Tempo）を支配する「性格係数」（Charakterkonstante）がどのようにして決まるか、習得された知識――経験――の総体がどれほど心証形成の「質」を条件づけるかは、われわれの探究が進むうちに明らかになるであろう。「実在する対象そのものについての体験」と「同対象の確実性についての体験」との間に存在する比較的あいまいな体験は「終局的確実性」を「間接的確実性」に転化してしまうけれども、「直接的確実性」において「確実性の意識という自覚体験」が「決して意識されない中間段階」によって分けられるかぎり、前記の「テンポ」は「直接的確実性」と「間接的確実性」との区別をも本質的に規定する。

最後にここで、思考科学と存在科学（Seinwissenschaft）との違いの関係で、心証形成のカテゴリカル（定言的）な地位について触れなければならない。すなわち、思考科学もしくは観念科学（Idealwissenschaft）においては、存在科学の場合と異なり存在と思考との間に無限の隔たりがあるわけではない。むしろ内省的な性格を持つ思考は、これらの学問の直感的・合理的基本構造にもとづいてのみ確実性・明証的認識（evidente Erkenntnis）を語りうるにすぎない。ところが、存在科学においてこういう思考科学上の明証に対応するのは、蓋然性しかも質的蓋然性であって、それは高さ・強さに連続性があるために、認識と存在との間の無限の隔りに架橋するのに適している。精神科学の確実性がどんな種類のものかといえば、それは心証つまりパーソナリティーという独特の定数的要素によって固有の条件づけをなされるところの、明証と蓋然性との合成物である。どういう精神科学上の認識においても、明証が心証過程に含まれている。但しそのことは、認識することと被認識事項の措定とは分けられないので、「認識主体自身が精神的主体と規定される」かぎりにおいて、言えることである。両者は独創的心証――これは精神的自己定立行為にほかならない――という点において結びついている。個々のケースないし各存在科学群において、明証もしくは蓋然性の部分がどれほど優勢であるかという問題には、ここでは立ち入らない。

この関係で重要なことは、存在科学のどの分野においても、認識行為の直観的・理性的部分の蓋然性を排除することはできない。したがって疑問を排除することができないということを、認識することである。思考上の結論はすべて、純粋な思考科学の分野の場合と同様に、直接明証的であるというわけにはいかず、検証を必要とする。そして、この必要性はどんな必然的思考でも、超主観的状態ないし同種事象をめざすかぎり疑問視される可能性を内蔵している、ということからの当然の帰結である。たとえ思考自身が「妥当性を含んだプロセスと感じられ、かつ承認され」ていても、したがってまた「別の思考の検証手段として使われる」としても、思考自身は決定には導かない。なぜなら、事実は「一義的な言葉をしゃべらない」し、「決定を動機づける心証形成力（Überzeugungskraft）」も持たないからである。それゆえに、理由と反対理由とを斟酌しても、思考の必然性の認識には至りえないのである。思考の必然性は、決してこれを証明することができない。それは体験され、信じられ、感じられ、そして「創造される」ものなのであり、またそれは情緒的に進行する過程によって創造されるものであって、思考によって創造されるものではないのである。

第二章　帝国裁判所の実務とその批判

裁判実務においてもまた、前章に述べたような心証を根拠づける主観的確実性で満足せざるをえない。このことは、もちろん次のような認識が必要なことを意味する。すなわち、疑問感が取り除かれなければならず、しかも、事実過程とそれら（制限付であること、限定性）との相関的な非絶対性（蓋然性）とが結びついたものに対する人間の洞察（Einsicht）は、数学的確実性もしくは明証に決して到達しえない。

以上の認識は、帝国裁判所（Reichsgericht）一八八五年一月一四日判決において、初めて特にはっきりと述べられた〔RGZ, 15, 339〕。帝国裁判所は、人間の認識手段には限界があるので、事実の存在につき絶対確実な知識には決して到達できない、という。「人間の認識の限界をわきまえている者は、誤りが絶対排除されるという意味で疑問の余地なく、事象の存在につき心証を持つことが許される、とは決して考えないであろう。それゆえに、実生活においては、高度の蓋然性が通用する。それは、使用可能な認識手段をありうるかぎり全部、しかも誠実に駆使したときに真実として成立し、そのようにして発見された高度の蓋然性が存在するとの認識主体の意識は、真実の心証として成立する。」しかし他方、被告人が犯人であることまたはその刑事責任につき、ほんのわずかでも疑問が残るときには、「圧倒的な」嫌疑があっても、有罪判決に必要な心証が欠けているということは同様に、ある心証、つまり有罪判決を妨げる疑問は、「人間の認識能力の一般的不十分さからこれを引き出すことはできない」〔RGSt. 61, 206; 66, 163〕、ことも認識されている。

同じ問題、すなわち何が裁判官の心証として通用しうるものであるか、どの程度の蓋然性によってそれが根拠づけられるか、という問題は、帝国裁判所の多くの判例の基礎に横たわっている。帝国裁判所は、特にくりかえし、裁判官が「有罪判決に十分な心証の獲得につき、あまりに高すぎる要求」をすることに反対を表明している。その理由は仮に人間の認識がその不完全さのゆえに閉め出されるような「絶対に確実な」知識を要求するならば、裁判は不可能も同然だということにある。だから、裁判官も、一般にいわれるように、「使用可能な認識手段を可能なかぎり全部誠実に駆使したときに現われる」程度の高さの蓋然性で満足しなければならない。「その程度の蓋然性は、真実として通用し、そのようにして発見された高度の蓋然性が存在するという認識主体の意識は、真実の心証として通用する。」〔RGSt, 61, 206〕客観的真実などということは、観念上考えうるにすぎず、人間の探究と認識とによってそれを証明することは、概念上も不可能である。それは、この両者が共に、認識主体と結びついているものとして、本来主観的で相対的なものだからである。〔RGSt, 66, 164f.〕。それゆえに、絶対的真実の発見などということは、裁判官にも閉ざされたことというほかない。裁判官もまた、賛否両論を斟酌の上、裁判官の良心（Gewissen）として通用するところの、したがって主観的かつ相対的な真実すなわち裁判官の心証に到達することができるにすぎない。けれども、すべての判決がこういう自明の前提のもとに言い渡されるのであるから、以上の事実をはっきり述べると、不確実な印象（Eindruck der Unsicherheit）、すなわちあたかも事実審裁判官（Tatrichter）が内心では限界のある人間の認識能力を使う場合に浮かんでくる疑問をまだ残しているかの如き外観を与える。しかし、こういう疑問は、合議室（Beratungszimmer）で徹底的に解明されなければならず、言渡の準備ができた判決は、こういう疑問から解放されたものでなければならない。

右に紹介された判決のうち後者は、次の理由から、先駆的なものとして重要であった。すなわち、帝国裁判所は、客観的かつ認識主体の主観的事情によって条件づけられない真実の探求などありえないということは、一般的かつ自明の命題として容認しているにとどまらず、賛否両論の斟酌が心証形成にどのようにかかわるか、という点につき二、三のヒントを提供している。

しかし、帝国裁判所が、知性的・合理的な意識・思考過程を考えているだけで、情緒的要素つまり気質

（Temperament）や潜在意識的・無意識的意志過程（Willensvorgang）により影響される要素について、全く考えていないことは、ここでも明らかである。

最新の帝国裁判所の判例の流れをくむ判決〔RGSt. 75, 326ff.〕の中で、すでに紹介済の判例〔RGSt. 61, 206〕において強調された思想が、あらためて次のように強調されている。すなわち、裁判官の心証形成に対する要求が過大であってはならず、もし「当然考慮されるべき疑問が存在しなくても、人間の認識力は不完全であるので、無条件に確実な知識というものはありえないとの考えによって、裁判官が被告人と犯人との同一性の認定を妨げられるならば」、いずれにせよ、過大要求がなされていることになろう。このことは、特に、事実審裁判官の審理にゆだねられるのが歴史的事実に属する事象でなく、不作為の因果関係（Ursächlichkeit eines Unterlassen）である場合にも言えることである。この場合いつでも、高低差はあれともかく蓋然性の意味で、認定は可能であるにすぎず、裁判官は普通の生活経験（allgemeine Lebenserfahrung）に対応する高さの蓋然性で満足しても許される。もし裁判官が、「確実性に境を接する」蓋然性の要求を、「考えうるすべての疑問が有罪判決の妨げになる」という意味に理解するとすれば、それは、帝国裁判所が述べているように、実効性のある刑法の維持の必要性とも、健全な民族的法感情とも調和しないであろう。特に、被告人が過失により救助の可能性を閉ざした場合につき、次のように述べられている。「彼のとがめられるべき行動が、事実その結果を招いたことにつき、普通の生活経験によれば根拠づけられる蓋然性が存在すれば」、被告人は発生した結果につき責任がある、とされなければならない。「裁判官の心証形成に対する過大な要求は、それゆえに、ここで過失の有無の認定にさいしては特に適切さを欠く。」

以上の全説明につき特徴的なことは、次の諸点である。すなわち、帝国裁判所はどの判決においても、心証形成の行なわれる前提を明らかにする努力、その実行にとって好・不都合な事情および性格的その他の諸条件を詳しく検討する努力を完全に怠っている。これを要するに、実効性のある刑法の維持が、考え込みすぎる裁判官によって妨げられはしないかという心配、すなわち、裁判官が自己の心証形成にあまりにも高い要求をすると、無罪判決が多く出すぎはしないかという心配の陰に、心証形成の心理学の問題（人間の洞察には限界がある）が完全に隠されてしまっている。その点に関し、帝国裁判所は特に、裁判官の努力（Energie）、「欣然として決定する態度」（Entschlussfreudigkeit）、「決定準備」（Entschlussbereitschaft）に訴えるとしても、気質の心証形成への関与につき、一言も触れていない。もっとも、心証形成のさい純粋に理性的な、したがって事後的審査が可能な行為が問題になるのでなく、情緒的かつ理性的な考察の進展につれて完全に無効となるかも知れない「健全な国民感情」に訴えることによって影響される行為が問題となることにつき、暗示してはいる。

だから、帝国裁判所判例集第六一巻と第六六巻とに登載された判決に対する最初の批評は、そこで主張されている一面的な見解に反対しているが、第七五巻の判決に対する率直な批評は、これを見い出すことができない。すでにスカンツォーニ〔JW, 1928, 2181 ff.〕は、心証形成の本質が疑問の克服にあることを強調し、強い心証が知識にふさわしいものであって、知識と証拠・賛否両論の双方から生まれるものだとして次のように説く。「最後の疑問が解かれたときにかぎり、心証はその生命を得る。非常に高くかつ疑わしいとの蓋然性が存在するという認識主体の意識が（帝国裁判所の言っているように）真実の心証として『通用する』のではない。そうではなく、弁論全体から汲み取られた、心の最深部にある充満感（Erfülltheit）、透徹感（Durchdrungenheit）、観念の世界から伝達される信念そのものが、真実の心証なのである。」

その際問題になるのは、帝国裁判所が完全に看過しているところの裁判官の創造的行為である。裁判官はわかっている事実を解剖して、それから「高度の蓋然性」を有罪あるいは無罪としてピンセットで取り出すのでなく、弁論全体から心証を形成する。すなわち、犯行後に表象を再生する。したがって、純粋な主知説的見解に比し、心証形成における創造的要素を認める見解は、重要な進歩を意味するのである。

次にエーレンツバイク〔JW, 1929, 85 ff.〕は心証形成の過程に一層深く立ち入る。彼がいうように、心証は「信念」や「見解」と対立するものである。なぜなら、自己の所見が完全な事実関係の検討の上に立っていないことを、信念や見解を抱く主体が自覚しても、矛盾する所見が許容されることはないので、これらの場合にも疑問は除去されているが、日常の言葉使いによると、「真実と見ることにつき主観的には完全に十分な根拠にもとづいている事柄」を指して、「心証を得ている」と言われるからである。加うるに、エーレンツバイクは、信心深い人が教会の教義の正しいことにつき抱く心証や、恋する者が恋人の貞操について抱く心証のような信仰的心証(glaubensmäßige Überzeugung)を除いた上で、次の二つを区別する。一つは蓋然的心証(Wahrscheinlichkeitsüberzeugung)で、それは確かに現実に真実だととることではあるが、不確実性の意識を伴う。もう一つは真実性心証(Wahrheitsüberzeugung)で、それは具体的事実関係からの反対理由が確実感によって圧倒されるときに形成される。この真実の心証は、人間の知識はすべて懐疑的にしか判定しえないとの意識は、完全に無縁である。帝国裁判所が哲学の一般的疑問と、眼前の事実自体から導き出されるところの、具体的な知識や疑問との違いを看過していることは、すでにスカンツォーニが正当に強調したところである〔AaO., S. 2182〕。エーレンツバイクは、さらに次のようにいう。すなわち、裁判官は蓋然性を認識するかぎり無罪判決を言い渡すことは許されないと考えられているが、それは立法者が蓋然性心証しか念頭においていなかったためであるとして、帝国裁判所は不当にも、裁判官の心証のとり方を立法者のせいにしている。

この蓋然的心証と真実の心証との区別はきわめて適切といえるが、エーレンツバイクもまた、心証形成の心理的前提と相対性との双方に接近を試みていない。具体的な事実自体から出てくる疑問の克服が心証形成に対して果たす寄与だけを、彼は強調している——この点は正当であろう——が、疑問克服の過程そのものには踏み込んでいない。なお、被告人の責任を証明する事実が裁判官から見て完全に十分でなければならないとすれば、たとえ裁判官が人間の認識には絶対的確実性がないことを知っていても、単なる蓋然的心証ではなくて、真実の心証が裁判官の事実認定の根底になければならない、とする点ではスカンツォーニもエーレンツバイクも同意見である。

右の二人の意見に伍して、アルスバーグもまた、帝国裁判所一九二八年一二月一三日判決および同年一一月一九日判決に寄せて、態度表明を行なっている〔JW, 1929, 862 ff.〕。蓋然的心証と真実性心証との区別の中に、考察者の心中の客観的事情の計測可能な変動を見るのでなく、むしろ判断者のより情緒的な態度を見ているという限界はあるにせよ、彼は情緒的要素の作用に対して理解を示している。彼はさらに、次のように認識すべきだとする。すなわち、ベンディックスと異なり、裁判官の心証形成における非合理的な力の決定的な機能に言及するにしても、非合理的（反合理的と異なる）要素――判断者の思考の上で正しいと認められた事象に対する内心の同意――だけが、理性的証明（Vernunftbeweis）を完成する。

「見つかった解答を刑事裁判官が肯定するとき、そのかぎりであらゆる疑問や攻撃から免れると知る場合に、彼は有罪判決を下すことができるし、またそうしなければならない。」〔AaO, S. 862〕以上の疑問を消せとの、事実審裁判官に対する上訴裁判所の指示は、裁判官の自由な証拠評価に対する一つの干渉である。裁判官は、自然科学上の法則から心証を形成するのでなく――こうアルスバーグは続ける――、事実という素材から心証を形成するのであるから､その素材に物指をあてなければならない。心証は経験からしかえられないものであるから、そうすることが個々の事案の解決に役立たないこともある。そうとすれば、裁判官の思考作業の結果については絶対的な――空間と時間との制約を受けない、きわめてわずかな可能性をも排斥するような――妥当性など存在しないことになる。けれども、一方、ある事案につき別の解明が考えうるということだけでは有罪判決をくだす妨げにならないと同様に、他方、被告人の責任に関する、実際に根拠のある疑問は、たとえそれが微弱なものであっても、無罪判決をもたらす妨げにはならないのである。上訴審に上ってくる判決中に、とてもそれが可能だとは考えられないような判断が存在するということから、帝国裁判所は、右に述べた自明のことを事実審裁判官が看過したと信じている。

アルスバーグもまた、心証形成の本質にあまり接近していないことは、すでに明らかである。「内心の同意」の非合理的要素という心理的前提を、彼も解明する努力をしていない。別の判例評釈においても、その問題につき以前に述べたことと本質的には同じことを繰り返しているにすぎない〔RG. v. 22, 11, 29, JW, 1930, 761 ff.〕特に、真実性心証、蓋然的心証、事実の確証における区別――客観的確実性という点で難点がある――を強調しているにすぎない。つまり、被告人の責任が高度に確からしいとの裁判官の心証は、「無限定かつ無保留の、判断者の同意、したがって合理的解明の不可能な精神的過程によって、被告人が有罪であるとの完全な心証に達しないかぎり」十分とはいえないこと、これに反して、哲学的疑問は、主観的確実性と無関係であること、これら二点を強調しているにすぎないのである。

前記三者とは異なり、シュナイデヴィンは次に示す命題を本質的な根拠として、帝国裁判所の心証形成に関する新しい判決を擁護する〔Fünfzig Jahre Reichsgericht, 1929, S. 332〕。「有罪判決を支える事実につき十分な心証に達した裁判官は、別の事実経過の可能性は考えられないけれども、自分の論証は数学的に確実とはいえないとの点を考慮して有罪の宣告を思いとどまるべきだ、とする理由は存在しない。」

これに反し――同じ思考順序（Gedankengang）を逆にたどると検察官に特権を与えることになるとの理由から――被告人の利益になるような思考順序をたどるなら法的地位が見誤られる、とシュナイデヴィンは述べる。シュナイデヴィンの見解は結局、心証の獲得につき当該審級裁判所が高すぎる要求をすることは稀だとするところにあると思われる。これに対し、帝国裁判所がそういう誤りがあると判断した事案は稀ではないと、アルスバーグは述べている。後者を正当としよう。

レーベ＝ローゼンバーグの刑事訴訟法コンメンタール第一九版（一九三三年）も、非常によく似た観点に立つ。

同書は、裁判官の心証形成をやや詳しく分析する試みを初めて行なった書物である。心証とは弁論全体から生ずる——審理の対象に対する——裁判官の一定の内心的態度と解されるべきだとして、同書は次のように説く。

多くの可能性の中から被告人に有利な方向をつねに選択するとの原則をきびしく守りつつ、提出された証拠を誠実に検討した結果、ある事実経過が真実だと考えられるなら、裁判官は心証形成したといえる。その際、知的要素のみでなく感情もまた共同して影響を及ぼす。理性と感情とにもとづいて評価を行なったところ、被告人と犯人との同一性や被告人の刑事責任につきほんのわずかでも疑問が残るなら、たとえ嫌疑の根拠が圧倒的でも、必要な心証に達したとはいえない。そういう場合の無罪の判断に対し、異論を唱える上訴裁判所があるとするなら、その裁判所は訴訟手続上の自己の任務を弁えないものである。

右コンメンタールは、帝国裁判所の新しい判例（特にRG. 61, 206）に対し、もちろん反対の態度をとっており、その理由を次のように述べる。すなわち、たとえそれが高度のものであっても、単なる蓋然性は、ある事象が過去に本当に起こったか否かの点につき、裁判官に確信を与えない。その点の探究に際しては、高度の蓋然性を超えるもの、つまり裁判官が真実であることを信ずることが要求される。

この見解においては、心証形成における非合理的要素（内心の態度、感情、真実であるとの信念）が強調されており、それはまさしく正当であるが、非合理的要素と確認済の合理的要素との関係についての周到な分析が欠けている。そこでは、裁判官は多くの可能性の中から被告人に有利な方をつねに選択すべきだとの原則を守ること、つまり心証形成と関係のない考え方が要求されている。

右に述べられた「疑わしきは被告人の利益に」（in dubio pro reo）の考え方——同原則の歴史的発展についてはモーザーのすぐれた論説がある——は、一面、立証責任上の規則、他面、訴訟法上の規定ではあるが、裁判官が独自の見解を避けて、証拠調の結果を最終的に確定する法定証拠主義における証明理論ではない。

心証形成の非合理性について触れている学者には、ほかにベンディックス、ルンプ、ヘルヴィッヒ、メツガト、エンギッシュ[*1]ら[*2]がいる。その中ではベンディックスが最も深く研究している。裁判官の判断形成がその人の世界観にかかわっているので、判断形成の内心的必然性は超個人的要素によって規定される〔Goltd. Arch. 63, 34 f.〕が、そこに存在する大きな危険性については裁判官はよく知っている、と彼は主張する。さらに彼は適切にも次のように説く。すなわち、解明すべき事件のいろいろな可能性にかかわる証拠評価に際して、裁判所は選択の自由を有するが、それは——どれかの可能性に有利な「事実」を斟酌して行なわれる——論理的ないし合理的決定の意味においてでなく、裁判官の全人格にかかわる非合理的態度という意味合いにおいてである。そこでの選択は、決定を論理的に理由づけることを可能にする一定の事実を肯定するために、右に触れた態度に対応するかたちで、論理的には直接引き出しえない決定のもとに行なわれる。証拠調自体が、「証明されたと考えられる事実の認定に対する無条件かつ一般的に妥当する強制を含んでいる」、と考えることは誤りである〔Recht u. Wirtschaft, Ⅷ187 f.〕。

心証形成に対する裁判官の人格の影響についての右のやや控え目な言及を補足して、ヘルヴィッヒは、過去の事実の再構成に際して主観的感覚（Empfinden）が果たす意義を強調して、次のように述べている。すなわち、事実を認定することは、それを認識し解釈することである〔Ger S, 82, 1914, 426〕から、その場合、空想（Phantasie）が相当重要な働きをする。錯綜した情況証拠や相矛盾する証人・鑑定人の供述から要証事実が解明されなければならないような複雑な事案の場合には、特にそうである。偏見の暗示的影響や、事実認定に少なからず影響を及

＊1　一九三二年からミュンヘン大学教授。主著として『刑法教科書：Strafrecht: Ein Lehrbuch』（三版、一九四九年）。規範主義犯罪論を構築、日本にも大きく影響を与えた。
＊2　一九三四年ハイデルベルク大学教授、一九五三年ミュンヘン大学教授。ドイツ法哲学会、刑法学会の重鎮。わが国では、Einführung in das Juristische Denken, 1956（法的思考入門）でよく知られている。

ぼす裁判官の法感情の影響によって、そこに事実誤認が生ずるのである。けれども理想をいえば、感情の排除やすべての観点に対する細心かつ合理的な斟酌――これらの総合から判断が形成される――が常に履践されなければならない。とは言っても、個人的要素（各人の才能、学校教育、経験など）を、決して排除しつくすことはできないであろう〔Freie Beweiswürdigung u. Beweisregeln, Mon Schr Krimps, IX, 1912, 13, 362〕。

三章　より古い文献について

心証形成の問題に関する比較的新しい文献（一九四八年以前）についての、これまでの概観から明らかになったとおり、心証形成過程の非合理性――それはうすうす知られてはいたが――については、その解明の前提となる体系的検討の発端がうかがわれるにすぎない。そして、これより古い文献からも満足のいく解明はえられない。古い文献においても、情緒が心証形成に対し影響を及ぼすことが時折強調されてはいるが、この関係をさらに深く追求しようとする試みは全くなされていない。

ミッテルマイヤー[*1]も次のように述べている。〔Die Lehre vom Beweis im deutschen Strafprozess, 1834, S. 57 ff.〕。「提出された証拠によってわれわれの情操の中に発生し、そして情操という秤の精神的針を動かす動揺（Bewegung）」は、弱くて「心の中に湧いてくる嫌疑ないし容疑に対応するか、強くて天秤皿に対し優勢かつ持続的な力を加えるか」いずれかである。そしてそれがわれわれの心の中に絶えず発生する心証に外ならない。「証明の源泉は、判断者の情操の外にある事実に発する。証明の力（Wirkung）は、証明されるべき事実と証拠となる事実との相互関係につき判断者が感じとる情操の中に存在する。」〔AaO., S. 58 u. 69〕「われわれが証明を引き出す証拠ないし事実のいずれも、人間の情操の秤を動かす印象を生み出す」ということから、「証拠の評価の際に判断者の個性がいかに強い影響を及ぼすか」〔AaO., S. 59〕という事実が明らかになる。全く動揺に、経験、習慣、判断の器用さや「事実に情操の中に鋳込まれている」先入見など、種々の要素からも影響を受ける。

＊1　ハイデルベルク大学の Wolfgang Mittermaier の祖父。

右の最後の観点からするとき、ミッテルマイヤーが「情操」を主として人間の知的側面、とりわけその人の個性からはっきり区別されない記憶（Gedächtnis）と考えていることは明かである。さらにミッテルマイヤーは、今日、感情状態と呼ばれる瞬発的な気分（Stimmung）が一定の影響を及ぼすと考えている〔AaO., S, 60〕が、最終的には判断者の情操の中に起こる理由づけの葛藤（Kampf der Gründe）を心証と解していることからも、このことは明らかである。

ミッテルマイヤーが、情操的側面ならびにそれから生ずる衝動（Impulse）が心証形成に少なからざる影響を与えると考えていることは、次の諸点から裏づけられる。すなわち、「数学的演繹が与える最高の明証、絶対的な真実」のような「確実感」と心証とを同視し、これと「人間の情操の秤の針がわずかに振れる状態」との間に、無限に多くの中間段階の存在することを認めている点〔AaO., S. 69〕。十分な根拠を示すことができないままに真実ととることが、しばしば瞬間的な気分や他人の説得より生ずる「一定のあいまいな感情」から発生すると考えている点。

これに対しわれわれのいう心証とは、「真実ととることが、われわれの意識しているところの完全に満足のいく（！）根拠に基づいている」〔AaO., S. 70, 72〕状態のことである。しかしながら、結局のところ心証の拠り所となる理由のすべてを良心的に探究して、確実性を確保する努力がなされるべきだとしても、そういう理由の認識を媒介するのは、常に理性と経験なのである。

グラーザーも次のように述べている〔Hdb. I 342〕心証の成立は、もっぱら知性――純粋に合理的な考察――の所産というわけではない。「事物の通常のなりゆきによれば全く蓋然性のない可能性に、一定の疑問が基づいているならば」、われわれはその疑問を「無視する」傾向がある。「そして、そのことによってわれわれは疑問のさしはさまれる事実を真実と認めても差し支えない。」とにかく、人間の心証形成は恣意からかけ離れたものであって、「ある事実につき心証を得ているか否かを知るためには、自己の良識と良心とに問いかけてみればよい。」

グラーザーもまた、各自が故意に自己の心証を否認する危険、自己の心の状態（！）を簡単に思い違える危険、本当は心証を得ていないのに得ていると思い違える危険を看過しているわけでなく、各人の下す判断の正しさは、なかんずく「その人固有の性質」にかかっている、と述べている。もちろんこのことによって、直ちに情緒的要素について言おうとしたのではなく、事実を正しく判断し、一定の種類の事実を認識するところの、個人のいろいろな能力のことを言っているのである。どの認識も、人間の中に前もって存在する表象や知識、習慣や事実判断能力の総体に条件づけられているため、各自の心証は、いつでもその人にとっての真実つまり主観的真実と考えられるべきであり、万人にとっての真実ないし客観的真実と考えられるべきではない、と述べているのである。

同様にルップ〔Rupp, Der Beweis im Strafverfahen, 1884, S. 27〕も、心証形成にさいしては内心において感性的印象（Sinneseindrücke）が加工を受けると言っている。すなわち、心証形成においては絶対の論理はなく、むしろわれわれは「無意識に行なわれる加工の結果としての制御不能の産物で」満足すべきであり〔AaO., S. 35f.〕、もしわれわれにある表象が信頼に値すると見えるのであれば、「包括的な経験が無意識に働くところの機転（Takt）」に信頼を託して心証を得たと自覚し、それで満足しなければならない、と説いている〔AaO., S. 28〕。そうとすれば、心証形成には主観的確実性が存在するにすぎず、その生成には判断者の全人生経験ならびに「全人格」が関与するので、裁判官の心証とは――慎重かつ人生経験豊かな人物が責任を負う〔AaO., S. 276〕――良心の問題に外ならない〔AaO., S. 36, 99f., 273〕、と言って過言でないことになる。

シュタイン〔Die private Wissen des Richters, 1893, S. 29, 31, 147〕やベーリング〔Deutsche Strafprozessrecht, 1928, S. 238 ff.〕も心証形成における内心の過程をできるだけ心理学的に解明する必要のあることを指摘している。

第四章　哲学問題としての心証形成――明証の問題

以上の簡単な概観――さしあたりこれで十分であろう――は、一九世紀末までになされたところの、心証形成問題解決の試みが、どれもいかに成果の乏しいままに終わっているか、といった実態を示している。ドイツにおいては、イェルサレムの「判断作用」(Urteilsfunktion) に関する研究を転機として、一つの方向転換が行なわれた〔1895, S. 198 ff〕。彼はイギリスの研究にもとづいて、非常に明確に次のことを主張した最初の人と思われる。すなわち、信念であろうと知識であろうと、一つの判断を真実と認めることは、それが明瞭に意識されて判断行為自体を超えるものとなるや否や、いつでも感情になって現われるのである〔AaO., S. 199〕。もっとも、これよりさきすでにブレンターノ〔Psychologie vom empir. Standpunkt, Bd. I 1874, S. 266 f.〕が確信的判断 (Überzeugungsurteil) の特徴に触れ、肯定、否定いずれの判断にしろ、固有の心的活動 (psychischer Tätigkeit) であって、対象に対する主体の、他に類を見ない独特の「志向関係」(intentionelle Beziehung) を含んでいる、と主張してはいた。この心証体験を伴う感情の出所に関する――もちろんのこと内観 (Selbstbeobachtung) に基づく――研究において、イェルサレムは次の結論に達した。すなわち、判断の中に含まれる意味づけは他の思考や感情と調和することがありうるので、この判断では、厳密に考えると従前から持たれていた考えや感情の継続・続行が認められるにすぎない。

信念というのは、従前からの意識内容との一致感 (Gefühl des Zusammenstimmens) に外ならない。グリルパルザーがかつて表現したように、自分自身との調和感 (Gefühl der Eintracht) だと言ってもよい。ある着想――さしあたり単なる想像と感じられる漠然とした表象――が、自らの知識範囲でいっそうの支持を獲得し、絶えず新たなる着想を付加していく場合には、従前からの思想・世界観全体との一致が付け加えられることによって心証になる。そして、信念感（Gefühl des Glaubens）がその判断に加わって、いわば自己の人格の一部になる。信念は、判断付加物ともいうべきものであり、右にいう一致感がその本体であるとの見解は、しばしば自己の空想が、ときには自分の作りごとさえもが信じられるようになるとの事実により、さらに裏付けられることをイエルサレムは発見したのである。

ブレンターノの労作に拠りつつ、ゴンペルツ〔Zur Psycohologie der logischen Grundtatsachen, 1897, S. 65 f.〕も、報告による心証形成ないし報告の正しさに対する信念形成にさいして発生する動きを研究し、その本質が積極的な当該裁判に対応する前記の全体表象（Gesamtvorstellung）に関係のあることを発見した。その精神活動とは、当該判断を肯定ないし維持して意識内容に組み入れるか、それを否定ないし排斥して意識内容から除去するかのいずれかである。ゴンペルツはブレンターノ流の論証によって、判断と意志との間にはなんら根本的な違いはなく、むしろ両者間にはかなりの類似性が介在する、との結論に到達している。しかし、ゴンペルツによると、表象を保持もしくは排斥し、肯定もしくは否定するところの、右に述べた積極的精神活動は、それ以上は還元不能の究極的精神活動というわけではない。なんとなれば、表象は実体のない死んだものではなく、それ自体が関係するところの、簡単にいえば主体に帰せられる格付けの優先（Rangiervorgang）に能動的に関与するのであって、それ自身アクティブなものであることは確かだからである。また、真実この活動は新しい表象が古い表象と結びついたり、古い表象の中に組み入れられたり、あるいは古い表象によって排斥されたりするかぎり、主体の意識中に蓄えられた全表象の作用、言いかえれば全意識内容の作用だからである。したがって、個々の表象でなくて意識全体が肯定もしくは否定の形で新しい表象に作用するので、結局のところ一段高いレベルの連想作用（Assoziationswirkung）が問題になる。しかしゴンペルツは——複雑なものは無限な広さを持つに違いないから——この過程の一段高くかつ合理的な性質は、自由の外観を呈するという。そうとすれば、ちょうど意志が反射に作用するのと同じように、心証は単純な観念連想（Ideenassoziation）に作用することになる。このことからさらに、単純な心的活動が問題になるのでなく、見かけの上での観念の保持や排斥は、実は観念の衝突作用それ自身に外ならない、との帰結が導かれるのである。

　他方、これと同時に心証的判断の中に表象と並んで特別な精神能力（Seelenvermögen）を認めるべきでなく、単に特殊な表象の連続ないし継承を認めれば足りる、という考えも出てくるのである。したがってゴンペルツにとっては、次のことは自明といってよい。すなわち心証は、全表象の分解されたものに対してでなく、全体としての表象そのものに関連する。どの心証的判断も二つの根本的に異なる要素から成る。その一つは、意識内容に関係し、したがって肯定もしくは否定的心証をもたらす積極的な表象全体であり、もう一つは、表象全体が分解されてできた各部分である。一方、表象の部分相互間の関係は心証の対象ではない。

　ヴント[*1]、マイエル、ビューラー、ミュラー＝フライエンヘルス[*2]、ヨードゥル、ヤスパースらによるいろいろな研究の結果、「心証」の概念は現在通常は次のように定義されるに至った。すなわち、「確かな確実性、判断の妥当性に対する確信、直接明証もしくは間接明証の存在ゆえに論理的同意（賛成・承認）を必然的にもたらす――内心的にしっかり根拠づけられた――思考意志の確固性」あるいは「確固たる信念」がそれである。

　右の場合においても、主観的心証と客観的心証とが区別される。しかし、心証の成立は、「思考ならびに感受主体の意識面における合同作用」に還元され、その帰結としてえられた心証は、「間主観的現象」とされている。心証形成の超個人的性質がどこまで承認されるべきか、という問題にはここでは立ち入らない。さしあたり重要なことの一つは、志向と意欲との関与が等しく承認されるべきだということ、もう一つは、直接明証と間接明証との概念が心証の定義のために重用されるべきだということである。

　ストア学派の昔から、哲学者たちは明証の問題に取り組んできた。デカルト以来、偉大な思想家はすべて、この問題について詳密な研究を行なってきている。昔の研究の全部に共通することは、明証感（Gefühl der Evidenz）が主観的真実の決定的な規準と考えられていることである。ほとんど例外なく心証を、それ以上正当化できない直接的確実感（明証）ないし自明性の感情もしくは体験と同視している点で、新しい研究も昔のそれを超えるものではない。すでに挙げた者を除き、最近ではヴント、フッサール[*3]、リーベルト[*4]、ミュラー＝フライエンヘルスが明証の本質を追究している。

その中でヴント〔Logik I, 1906, S. 70 ff., 627 f.〕は、次の観点に立つと述べている。すなわち、それが直接の観察に基づくものでないかぎり、明証の根拠は結合的かつ比較的思考の中に存し、その目指すものは明証感覚（Evidenzempfinden）、より正確にいえば直接的明証感である。

したがって、思考法則が明証の源泉であって、もとの観察がそれと同等の立場に立つこととなる。ヴントが明証感に認識価値を認めていないことは確かである〔Logik I. S, 623〕。その理由は、明証感の不確定性やつかみ難さはこれを度外視するとしても、感情というものが連関の論理的根拠としてはそもそも十分でないという点にある。しかし、ヴントも次のことを否定してはいない。すなわち、論理的・学問的意味における真実の妥当性の規準としての「直接的確実性」は哲学者に対し通用するのみであって、日常生活上の実践や意見とははっきり区

＊1　感覚研究を介して心理学や認識論の領域に踏み込んだ。実験心理学（個人心理学）を基礎としたが、その関心は広く、科学論から法律学にまで及ぶ。哲学入門の著作あり。
＊2　音楽心理学者。哲学的美学の色彩が濃い。
＊3　現象学の創設者。現象学とは、経験の中に知識の原理として機能する原型を探ろうとする、哲学の一つの基本的立場。
＊4　新カント派のマールブルク学派。精神科学や文化論に大きな足跡を残した。

別される。右の規準については広義の――外界の事象に適用される――明証の規準がほとんど常に決定的な保証と内心の安定性のために意味を持ち、そしてまた、疑問の克服を超える内心の満足感、あらゆる他の体験から明確に区別される感情によって、右の規準は支えられている。

思考の総合を基盤として、フッサールは上述の――明証感としての心証形成の二面性の――認識により一層近づいている。われわれは初めに、主観的確実性を表わす目的で質的かつ量的蓋然性という表現を用いたが、それとほぼ同じ区別を彼も行なっているのである。フッサールはゆるやかな意味での明証と厳密な意味での明証とを区別し、前者を「措置的思考（setzende Intention）」――その「確証が、符合しかつ十分適切な知覚、つまり関係し合う個々の知覚の適切な総合であってもよい知覚、によって行なわれているもの」――と理解している。この意味で当該明証には、いろいろな程度ないし段階の区別が認められ、その究極段階では、それは適切な知覚もしくは認識の完全な理想状態と言ってよい。これに対し、認識論的な精確な意味における明証は、それ以上超えられない目標で、「対象自体に根ざす絶対的な内容充足の志向の、完全無欠な実現総合行為」なのである。この場合には、認識が問題になっている対象は、ただ単に所与のものと考えられているのでなく、実際のところ最も強い意味において所与のものと考えられているのである。言い代えれば、この明証は「最も完全な思考の総合行為」、つまり客観的対概念が「真実という意味における存在」ないし端的に「真実」と呼ばれるところの客観的行為なのであり、それはまた「信じられていることと所与それ自体」との完全な一致、「適切な同一視を実際に行なうこと」なのである。ヴントらとは異なり、フッサールは厳格な意味での明証が一つの感情であると決めつけないように注意している。その意味での明証は、不合理（Absurdität）の反対概念である。なぜなら、もし「A」が明証的なことだとすると、それは所与の真実に外ならず、それと区別されるゆるやかな意味での明証体験が感情を指示するものと考えられて差支えないからである。

フッサールは特に認識論的・論理学的意味での明証体験を思考の総合として把握しようと努め、その際日常生活のよりゆるやかな考え方のために、あまり関心を引かない譲歩を行なっているが、明証の主観的・体験的性質とこの体験の情緒の領域への放逐とは、ミュラー＝フライエンヘルスによって大いに強調されている。彼は日常的経験からまず出発する。日常的経験によると、主観的体験としての明証は、客観的・絶対的な確実性を決して保証しない。概念が視覚から引き出される（自分の眼で見ることこそ確実性体験の一般型に外ならない！）かぎり、それはすでに語義上明らかである。かれはこの点でリッケルト[*5]やフッサールと対立する。彼らによると、明証体験とは客観的な絶対的な正しさの保証を意味するものなのである。ミュラー＝フライエンヘルスが、明証体験を――第一に意識内容に関連させて――いわゆる一般的真実とみなすことなく、われわれ自身の外にある――その真実の認識が問題になっている――個々の事実ないし過程に関連させている点に、ここで注目しなければならない。

しかしながら、こういう事実も過程も同じ心理的過程を惹き起こし、心証を抱くに至る過程もしくはその反対の過程が、心理的解決過程として現存する疑問を克服し、解決意識に導くかぎり、通常、心理上の明証体験として感得されることには疑問の余地がない。

ミュラー＝フライエンヘルスは続けていう。しかしながら、こういう主観的解決意識は、これに伴う客観的要素とりわけ主体の全生活態度により条件づけられるのであり、すべての思考における「信念」の意味が明確にされるとき、それは特に鮮明なものとなる。

かくしてミュラー＝フライエンヘルスは次の見解に到達する。すなわち、心証はそれにとって客観的明証に必ずしも依存しない意志動作（Willenshandlung）と特徴づけられるが、それは前の時代に形而上学者達によって全くと言ってよい程に無視されていた。

＊5　新カント派の哲学者。生涯、価値哲学の精緻化にたずさわり、存在に対する価値の根源性を考究した。

一つの事実の客観的明証は、その事実に対する信念（これは常に明証の主観的付加物である）を条件とする必要はなく、また明証感は信念に対する強固な意志を否定することもできないとの認識（心霊論者も絶対主義者も共に信念説である！）から、彼は心証が意志動作であり、主観的過程としてのそれについて客観的正しさを必ずしも云々しえないとの——総合的思索の結果としての——結論を引き出している。

しかし人間は、自己の思考結果の正しさについての客観的規準を求める。ところでこの規準とは、結論の実際的検証ということであり、さらにいえば思考過程ならびに意志過程を経て到達された結論が客観的規準を求める研究追行のための適切な基礎になりうるか否か（プラグマティズムの理論）ということに外ならない。

今やわれわれが次の二つが正当だと指摘しうることは確かである。すなわち、因果関係（ursächliche Zusammenhang）の認識のための客観的規準が、純粋な思考の結論を論理的に異議の出ない直接的明証体験に導くのに十分でない場合には、程度の差はあれ形成されている空想能力（Phantasievermögen）により支えられる意志が、論理によっては除去できない葛藤の解決を引き受けるということ。したがって空想によって規定を受ける意志衝動（Willensimpulse）は、主体の経験範囲が狭ければ狭い程、論理学的訓練に乏しければ乏しい程、さらに主体の気質が性急ないし権威的な決定に駆り立てるものであればある程、起こりやすいということ。

第五章　心証形成の心理学的分析（解決行為→解決意識→検証）

一　問題の所在

これまでに述べてきた情緒的要素を考慮して、以下に心証形成に至る心的過程を一層詳細に分析してみることにする。

この過程についてはまず思考過程が問題になることは自明であり、本気でこれを争うことはありえないと思われる。なぜなら明白と考えられる知覚や非常に簡単な認識による明証の場合を別にして、心証はすべて、いろいろな事情・知覚・表象[*1]・感覚（Sinneseindruck）などの結合に基づくからである。一方、意識に上ったこれらの要素が他の思考の流れに組み入れられることは、その組み入れが意識されると否とを問わないからである。こういう複雑な素材の了解は、すべて判断に始まり、その判断はすべて表象もしくは表象の結合に対する承認か否認かのいずれかなのである。「判断行為は、直接与えられるか引き出されるかする意識データの客観的把握である。」それゆえ、心証形成が引き続き行なわれる場合、その源となる素材は心的——とりわけ意識的——性格のものである。このことは、思考の流れへの意識的・無意識的組み入れが、意識過程・思考過程——したがって全体としては一つの思考過程あるいはいくつかの思考過程全部——の結末であっても、変わりはないのであって、それを組成する個々の判断行為においては、絶えず知的関心が働いているのである。

ところで、思考過程を惹起して推進するこの認識関心は、「最も根源的な生物的関心、個人の全生活に浸透し

＊1　表象とは、対象についての情報を長期間保持すること。諸表象が統合されて認識に至る。

ている自己主張ないし顕示の傾向に直接根ざしている。」なぜなら、どの認識――それから得られるどの心証――も、人間にとっては世界ならびに自身の生活において正道を見いだす――自己主張をせざるをえない周囲の現実の中で自らを正しい方向に導く――ための手段だからである。しかし、絶えず機能しているこの認識関心を導くものは真実規範（Wahrheitsnorm）であって、「直接間接いずれにしろ、その主観的規準はつねに所与の認識データにもとづいて把握すべきだとの――思考の必然性の――意識である。」この目標に到達すると同時に、生じた表象が被再現事象に対応し、判断中に表象されている体験が現実であるとの確実性がえられるのである。こういう真実意識として感得される確実性は、それゆえに、判断の内容が現実だと表象されるかぎり、判断自身（判断行為）にも結果（心証）にも関係する。なぜなら、「真実意識とは、表象されるとおりに被表象客体が現在する」との心証に外ならないからである。ところで、すでに見たとおり、判断行為にはまさしく根源的な生物学的意味が付与されているので、このことから、真実感――真実意識に結びついている強い感情――も説明することができる。認識関心を満足させ、認識関心によって実現が目指される真実感は、より遠くにある目標でもあることは明らかである。したがって、真実感において「認識的思考作用（Denkfunktion）の中に真実を追い求める意志が、その目的を遂げた」ということが直接に体験される。直接的真実意識には、いつでも真実が価値と意識される感情が随伴している。

以上によって、心証形成の体験過程が認知の範囲をはるかに超えるものであること、またすでに見たように、自己主張に役立つ認識過程が感情の領域――いわゆる知的感情（志向性を持った感得）――に属することに疑いの余地はない。

けれども、この感情の一層詳細な分析に入る前に、まず第一に認知的性質の心的過程――それは真実感に伴う――が、心理学において通常問題解決と呼ばれるものと同じか否かという問題が検討されなければならない。

問題解決――解決行為・解決意識・解決検証の三つの行為で達成される――では、本来右の三つが順次起こるのであるが、意識的にそれらが同時発生するということもある。たとえば難解な外国語の文章の翻訳とか、なぞ解きとか、絵画の分類識別とか、ゲーテによる間挿骨の発見（ミュラー＝フライエンヘルスが挙げている例）とか、あるいは積分方程式を解くことなどを考えてみるとよい。

これらのどの例においても、真正な問題解決——単一もしくは複合的問題に対する解決——が問題になるのであり、その解答は絶対的な不確実性を除去するものでなければならない。その種の問題の解決は、一義的でなければならない。なぜなら、二者択一的解決ではいつでも、少なくとも部分的に、同じ問題が残り、不確実性は除去されないからである。他方、これらのどの例においても、発見された解答は検証——正当性の審査ないし「解決の客観的規準の提出」——を直接受ける。結論が検証されて初めて、解決が明証といえるものになるのである。

こういう問題解決過程を分析すれば、その過程においては、心証形成の結論とか体験とかの場合と同じ心的過程が問題になるのかどうかということが明らかになるであろう。

二　解決行為の分析

まず解決行為の分析から始めよう。この解決行為は、全体として見れば、認知的過程（kognitive Prozess）であってそれは意志衝動により一定の目標に向かって推進され、そしてその目標に到達する。個々的に見れば、その実質はいろいろな解決の可能性が比較考慮もしくは組合せによって熟考される点にある。この熟考の範囲すなわち所与の事実の組合せの可能性は、空想力「イマジネーションの能力」如何によるものである。したがって、解決の可能性が思い通りに検討される機会が多ければ多い程、それだけ早く正しい組合せによる解決ないし発見が行なわれることになる。その際、たとえば三段論法的推論のごとき合理的処置がとられることは、記憶の助けを借りて行なわれる検討よりもはるかに少ない。記憶内容の選択は、解決可能性に対するまさしく空想的洞察によって行なわれ、最終的に論理的抵抗に無縁な結論が発見されるに至る。そういう解決の試みの際、解決の一定の性質が組合せの数を限定する条件として与えられ、それによって三段論法的推論の途上で評価されるべき解決の方針が示されることは自明である。しかし一般的には、解決行為固有の特質がそういう点にないことは、次のことから明らかである。すなわち、ただ単に漠然と解決を思索するのは果てしない試みであるのみならず、誤った方向にも行きかねないので、純粋な三段論法的推論の形式的正しさだけでは規準として不十分である。

かくして形式論理により、思考過程の意識内容から判断規準が引き出されると信じられているが、ミュラー＝フライエンヘルスの主張するごとく、本来これは受け容れ難い種類の心理主義である。むしろこれに対し、空想により表象された多くの解決の可能性の中から選択された試みの組が思考の上で全く抵抗に遭わなければ、打開策――矛盾のない事実の組合せ――の探索に成功し、それと同時に解決意識ないし解決感――解決が正しく確実なこと――の心証が生ずることは明らかである。

ところでこのような過程は、事情によっては互いに矛盾するいろいろな証言に基づいて事実過程を再編成する際の裁判官の心証形成過程と同じなのであろうか。「問題解決」と比べた場合の本質的な相違点が次の点にあることは自明である。すなわち、裁判官の心証形成の場合には、たとえばなぞ解きや絵画鑑定の場合のように、一義的で目標を誤らない問題に対する、一義的で簡明な解答を結論として期待できず、複合的な事実過程を再構成し、多数の個別的事象や情報に有意味な関係づけを行なわなければならない。

なるほど両方の場合とも、「正しい」解決はただ一つだけである。けれども、なぞ解きや絵画鑑賞の場合には、一つの解決だけが可能ないし思考可能であるのに対し、たとえそのうちの一つだけが正しい――事実過程に対応している――としても、信憑性の異なるいろいろな証人の記述に基づいて事実過程を再構成する場合には、事情によっては多くの解決が可能であり、しかも想起可能なのである。ところで、外ならぬそういう多様な解決の可能性の存在が解決を困難にし、正当感ないし確実感の生ずるのをより困難にし、湧き起こる疑問を徐々にしか排斥しないのである。そして後者の場合にも同様に検証が相当困難になることについては、後に触れることにする。

しかしこのようにかなりの相違点があるにしても、問題解決も裁判官の心証形成——これは日常生活を送る中でわれわれが毎日否毎時くりかえし行なっている確信形成と全く一致する——も共に、心理学的に見ればその本質は変わらないという見解は、多分受け容れられるであろう。なぜなら、裁判官の心証形成において——たとえそれらが有機的なものであるとしても——多くの個別的問題の総合——いわば個々の同種の問題の心理学でいう統合——が問題になるかぎり、両者の違いは本質的に量的なものであって質的なものではないからである。そういう個々の問題は、それらを総合して初めて、統一のとれた全体、問題複合体もしくは再構成すべき事象自身となるのである。ここで再びわれわれは、出発点となった区別に突き当たることになる。もちろんここでは、複合的であるがゆえに量的に別種とされる問題解決は、いわゆる質的な蓋然性予測によってのみ可能で、ただ主観的確実性をもたらすにすぎないのに対し、これと量的に異なる（個別的な）複雑な問題解決は、量的な蓋然性診断を使ってのみ可能であり、それが客観的確実性としての洞察をもたらすのである。

さて、問題解決の場合にも裁判官の入り組んだ心証形成の場合にも、心的過程の初めに位置するこういう解決行為は個々的にどのように行なわれるのであろうか。

すでにわれわれは次のことを承認した。すなわち、解決行為は意志衝動によって推進され、目標の設定によって方向を定められる思考過程であること、その過程が可能な解決を空想によって表象の上選択して解決の道への出口を発見すること、つまり可能な事実の結合の組合せによって論理的抵抗に遭わない解決の可能性を発見するものであること。

右の過程においては、所与のもしくは表象された可能性を概観しうるような基本的な確実性体験は全く存在せず、むしろ思考過程こそが必要不可欠であることを承認することから、われわれは出発したのであった。

さて、この思考過程の本質は常に新しい関係把握（Beziehungsefassung）にある。したがって、そういう関係把握に編入不可能な可能性は消去される。そのようにして、解決の意図で考えられた組合せの輪が次第に狭められていって、最終的には解決に至る関係把握のすべてを正当に取り扱う結果となるのである。そして、そのことが、すべての疑問を排除するところの解決ともなるのである。この場合、二番目の関係把握の段階で確実性が生ずることもないではないが、一〇番目あるいは二〇番目の段階に至って初めて生ずることもある。その際、後の段階が前の段階を不十分であるまたは特に十分とはいえないと判定することが時にある。このような関係把握は、経験によって可能になる。それゆえ、考察の対象になっている分野の経験的知識の範囲が広くなるにつれて、関係の可能性や組合せの数も増えていき、それに伴って、どれかの関係の可能性を消去することによって、より早くかつより苦労なく確実性に到達することができる。その場合、認識を直接的な問題のない関係把握に還元することによって、自然的確実性のみならず哲学的確実性が生ずるか否かということは大して問題にならない。問題解決――確実性ならびに心証形成の心的構造の洞察――のためには、確実であると判断される事実関係（それが単一、複合いずれであるとを問わず）自体がどのようにして認識されるか、その種類と方法とに関する新しい真相把握の中に確実性の本質が存在するということを認識するだけで、全く十分である。たとえば、経験の教えるところによると、検流計の振れを異論のないように測定するためには、簡単にチラッと目をやるだけでは十分でない。正確に測定するためには――光学機器によるにせよ、細かい目盛りをプロジェクターで写し出すにせよ――むしろより精密な観察が必要であって、そのようにして初めて確実性が保持できるのである。以上のことから次のように言うことができよう。すなわち、根拠づけが詳細であればある程度確実性は強くなるが、その根拠づけとは、関係連関（Beziehungszusammenhang）の洞察を漸次明らかにし、事件の原因をなす事象ないし状態の概観を可能にすることである。

問題解決の第一段階たる解決行為は、通常、多くの思考過程から成り立っているが、これも純粋には知性的過程ではなく、感情の伴うものであることは、機械的に推移する思考過程――それが始まるのが意志衝動によってであるのと同様に、それが前進するのも別の意志衝動によってである――は一つもなく、通常、それには意識的もしくは無意識的な目標の表象が伴う、ということが明らかである。しかしどの意志過程にも、快感と活動の感情――快感感情（Lustgefühl）と活動感情（Tätigkeitsgefühl）――が伴い、ちょうど旅人が当初進路を疑ってみたが、後で正しかったと悟ると同じように、疲労と満足、活動の生気の感情が伴うのである。これらの感情の存在は本来、確実感に向かって繰り出してはいるが、なお進むべき道程の長さを明白に示している。純粋に知的な洞察と組み合わせとが思考を行なっても同様であろう。

三　解決意識その一

これらの感情はまた、思考過程の解決ののちに解決意識と結びつくものであり、この過程の通常の第二段階の分析をすれば、単純な問題解決ないし日常的な心証形成と裁判官の心証形成とが本質的に同種のものであることが、まず第一に明らかになるであろう。この点につきミュラー＝フライエンヘルスは次のように正当に指摘している。すなわち、時には解決意識が予感ないし予期として解決行為に先行することがある。このことは特に思考主体が長時間にわたり絶えず問題解決に取り組んで潜在意識的素材を総合判断に供給し、その結果、解決行為自体がまだ認識されない段階で潜在意識の中で達成されつつある解決が、すでに解決感・知的快感の形で現われる。しかしこういう場合にも、解決行為が意識的に行なわれるときに解決意識が初めて濃密化していって、やがて十分に感じられる程度の主観的確実性に至るのである。この感情は確かに、意識的な検証を受けて初めて終局的明白性と明確性とを取得する。

以上のことから次のことが明らかである。すなわち、解決意識にはいろいろな程度があって、可能な解決のおぼろげな見込みから疑問の余地のない確実性に至るまで、その段階は連続して高まっていく。そしてそれは、心理学上の法則に基づいて把握可能である。解決意識の出現にさいし論理的思考のみが原因となることは決してなく、むしろその因果関係の大部分は、かなり深く潜在意識圏に存在する。

また、このことから次の結論が導きだされる。すなわち、意識的な根拠づけが全く行なわれないか、確かに頻繁には十分な根拠づけが行なわれないかしても、高度の主観的確実性に到達する確実性体験というものがある。そして最後に付言するなら、確実性体験は、固有の、独立した体験、切り離された心的事象のいずれでもありえず、むしろ意識的事象の副産物であるということも確かである。なぜなら、ビューラー[*2]も言及しているごとく、こういう確信の対象ないし事実を意識の中に持つことなくして――確信を抱いている事柄を意識的に把握することなくして――人間が確信を抱くということはありえないからである。しかしこのことは、表象と判断の対象との多様性を示すものということができる。事実ならびに事実連関（Sachverhaltszusammenhang）を知ることは、根拠目標の意識的追求や根拠連関（Begründungszusammenhang）、熟慮と洞察、疑問と確実性の把握と同様な――それゆえに意志衝動によって導かれ、かつ感情の伴う過程に属する――精神作用［精神活動は一般に知、情、意の三種に分類される］の一種と考えられるのである。

これらの過程に伴う感情すなわち表象や思考の推移に結びつく感情は一括して「知的感情」（知性人の抱く感情）として把握される。思考がうまく行なわれたことつまり明証感に対する精神的満足感、正しく行なわれた推論・明確な概念形成ないし秩序ある思考過程に対する特別の満足もしくは快感は、この「知的感情」から生まれる。確実性の認識に至る思考過程が真実認識という特定目標に到達したとき、別に包括的な感情（論理的感情を含む）が現われるが、これを客観的真実感・明証感などと呼ぶことができる。特に複雑な問題過程におけるそれら「感」の強さは、求められている解決あるいは得ようと努力されている確実性への接近度、つまり正に解決行為を方向づける要素の目的的原動力と考えられる。

感情とりわけ知的感情の出現をさらに追求していくと、まずそれを表象の相互作用もしくは欲動理論（Theorie）に還元しうる見込みのないことがわかり、次いで他の還元不可能な独立の過程が問題になることがわかる。その理由は経験上疑問のない次のことから明らかである。すなわち、そのすべての本質的特徴という点で快感、不快感のいずれも感情であり、感情の両「側面」である。快感、不快感は共に生活体（Organismus）の生活条件と一定の関係にある。生活条件が肉体面・精神面いずれにしろ十分でないと不快感が伴う。したがって、この感情が種属の進化過程で徐々に現われ、自己ならびに種属の保存に役立つ予告信号として発達して来たとの推測が少なくとも成り立つ。

なぜなら、生活体に必要不可欠な気温・空気・養分および肉体の機能の正常な経過が快感をもたらし、それらの欠缺は不快感を惹起し、生活体に障害の除去へと駆り立てるのと同様に、精神作用、精神力の啓発・阻害など大小の共同体に利害関係のある一般的関係もまた快・不快感を強めることがわかるからである。

それゆえ感情とは、肉体面でも精神面でも、種属の出現とともに徐々に形成され、現在では個体の中に確固として存在する調整器なのである。このことは、たとえそれが――生命の危険から身を守るための計画的境界設定という形で、感情の機能つまり信号で知らせて調整する機能を大幅に補うに至った――飼育の始まる前の時代すなわち「生存競争」の時代における程ではないにしても、重要性に変わりがないことを示している。人間はどの瞬間においても自己ないし生命の保持、環境に応じての方向づけなど、要するに生命維持にかかわる決定に駆り立てられるものであることを、今ここで思い浮かべてみれば、客観的真実感の重要な意味がすぐにわかるであろう。それは単にある事実が真実なることを証明するのみでなく、正に方向を指示することによって心証ないし決定の形成を導き調整する。この真実感も、個体中に確固として存在する他のいかなる感情も、環境の任意の要求

＊2　ドイツの哲学者、心理学者。思考過程の本質は、直感的なイメージではなく、非直感的な思想にあるとした。

のどれをも充たすというわけでなく、経験上非常に頻繁に起こる場合をねらいをする。ということは次のことを意味する。すなわち、一方では、個体によってこの感情の強さや特色が異なる。他方では、出来事につき生活経過との関係で判断される合目的性または非合目的性の直接的認識・意識的認識を含んでいない。客観的真実感の合目的的作用は、そういう具体化された合目的性の認識の媒介に基づくのではなく、それによって媒介されるけれども意識的にはほとんど体験されない、意志と動作への心拍（Drang）――この心拍は潜在意識から生まれ、それによって維持される――によるのである。

感情の本質と由来とに関しわずかながらすでに知識を得たので、ここで特に解決意識に目を転じよう。まず、この感情――この知的一致・快感または確実性――と明証とが同義であるか否かが問題となる。これは次のように敷衍できよう。すなわち、ただ感情・直接的観察または経験という事実が問題になるのか、認識状態ないし意識状態の純粋な定立が問題になるのか、それとも客観的ないし絶対的な正しさが決して保証されることのない純粋な主観的体験が問題になるのか。

まず、認識論的概念が結局全部、明証の概念と結びつくことは確かである。なぜなら、絶対的確実性の与えられる自明の命題が仮にないとすると、真実と蓋然性、必然性と可能性の概念は内容のないものになってしまうからである。次に、明証の概念は純粋に心理学的に、また直接に感情から理解されるわけでもないことも確かである。なぜなら、明証感は認識価値を持つわけではなく、ただ単に「認識論的にさらに詳しく規定されるべき動機の心的徴候とみなしうる」にすぎないからである。さらに、特に次のことがいえる。すなわち、主観的徴候の中でとりわけ感情的徴候は一番当てにならず、それゆえに判断の真偽が単なる感情に基づいて根拠づけられ、かつ弱い基盤の上に立っている認識論は、確かにヴントも言っているように自己の不十分さを間違いないものとする。

他方、明証を論理的命題の明証によって根拠づけること――論理主義がそれを行なっている――が同様に不十分かつ誤りであることを証明するのは難しいことではない。なぜなら、論理的命題の妥当性に基づいて明証の根拠づけを行なうならば、論理的命題は最終的に確かな尺度として使用され、かつ明証的なものとして説明されるので、循環論法に陥ることは明らかだからである。以上の批判は、明証を最終的なそれ以上定義できない事実と考えてみても、これを免れることはできない。なぜなら、事実は観察に現われるときにかぎり存在するとの権利主義ができるにすぎないからである。したがって、もし明証を最終的な事実と考えるならば、赤や青の色調、甘い辛いの味覚がこれ以上定義できないのと同様に、それ以上定義することができない直接的観察に明証の根拠を求めることになろう。しかし、そうだとするとヴントが述べたように、次のように推論を進めざるをえなくなる。すなわち、直接的観察に現われるものは常に経験的に与えられたもの、つまり経験における所与ないし認識であって、このことについてはカント以降もはや何人も疑わない。明証もまた経験の所産であるならば直接的観察はすべて心的過程であるから、論理主義（観察・感覚が元）はここで再び心理主義（感情が元）に陥り、両主義の違いは後者が明証を感情に還元するのに対し、前者が観察つまり感覚に還元するという点だけとなる。しかしながら、両見解とも一方は感情他方は観察という違いはあるにせよ、事実（より正確には直接的事実）に根拠を置いており、したがってこの直接性という要素を明証の究極にあるもの、つまりその本質としている点では同じである。この見解はなかんずくブレンターノ[*3]の主張するところであり、彼によれば「根本的な判断に単純な感覚を伴うことは確かであるが、そのことによって存在の承認が与えられているのである。」しかし、承認という要素がどの事実にも付随しているのならば、事実の把握と明証関係の把握とは一致する。すなわち、どの事実も——正にそれが存在に関する判断を含むという理由から——それ自体明証的なのである。

＊3　物的現象と心的現象とを区別し、後者の特質は志向性にあるとした。また、情意の明証性を道徳的認識の基礎とした。

このように全事実に拡張すると、明らかに明証の概念が独特の意味を失う。かくして、明確な認識という意味における認識可能性についての事実のみが、分類された特定の事実ならびに事実関係の存在の判断のみに高度の確実性を付与することとなった。けれども確実性は明証に基づくものであり、したがって一定程度の確実性とりわけ絶対的な確実性を要求することは明証の概念――それは説明を要する概念である――を前提することにほかならず、かくしてまた循環論法に陥ることとなる。

それから逃れる方法は明証自体を他の事実と結びつきうる唯一の事実と説明することである。このように明証を事実の領域に入れ、これを独特の事実としてさらに詳細に分類することが、〈仮説〉である点について争いはない。だが、明証概念を異論なく規定するための基本的要件――明証が〈仮説〉と混同されてはならないということ――もまた同様に争いえないことである。しかし、どんな事実でもその存在自体が明証的であるとするならば、それも――これから出てくるところの明証自体が一つの独特の事実であるという別の仮説と全く同様に――仮説にすぎないことは疑いを容れない。これに対しては、なかんずく個々の概念や表象ではなく判断ならびに判断の結合のみが明証的でありうるというべきであろう。事実は比較的・関連的思考を通じて初めて明証的になる。概念自体はそれが事実的所与に関連すると否とを問わず明証的ではない。他方、aはaであるとの同一性を表わす命題はたとえaがなんら事実的なことを意味しなくても明証的である。事実は単なる知覚によって所与のものとして認定される。しかし、判断ないし判断の結合の明証性を証明するためには、それだけでは十分ではない。ここで、比較と関連とによる思考方法をもって、観察事実の中に、明証性を形成するものを見つけ出さなければならない。関連的思考によって初めてaとaの間の同一性が確定され、矛盾と疑問とが除去されて一致が見つけ出されるのである。明証的な言明を生み出すために、概念的抽象と思考法則とが共同して機能する。「それゆえに思考法則は明証の源泉であると同時にその起源的な形である。」しかも、同一律と矛盾律とは直接的明証の原理として働く。これらの思考法則は観察に根ざすものであるけれども、それ自身具体的な観察中には存しない。

しかし、それは「観察中に現存する現実の理念的実質を個々の原理や法則の形で」保持する。したがって明証はその本質によれば論理則に支配される関係把握（Beziehungserfassung）に基づくのであり、関係把握の基礎はハルトマン[*4]が強調するように「事物との接触（Kontakt）」である。

「明証」という概念は、その言葉に現われているとおり視覚と関係がある。自分の目で見るということは、確実性体験の基本型なのである。だがその概念は視覚による知覚判断に限定されるわけでなく、思考内容が比較的・関連的であるかぎり、あらゆる思考内容に転用されて然るべきものである。こういう範囲で理解すると、疑問の段階を超えて到達された確かな確実性はすべて、視覚によると思考によるとを問わず、これを明証的と呼ばざるをえないであろう。

しかしながら、そのような拡張がかくも容易に行なわれ、かつそのこと自体に対する異論が相応に少ないとすれば、リッケルトとフッサール[*5]とが認識論的に精確な明証の意味づけのために行なったように、明証体験を客観的いな絶対的な正しさの保証として考えたいと思っても不可能ということになる。裁判官の心証形成の場合に関していえば、同一命題や矛盾命題における認識のように範疇的で究極的な認識の事例が問題になるということは少なく、むしろ日常的な心理的事実についての事例が問題になる。その場合には確実性体験が起こっても多分すぐ後でもっとすぐれた見解に道をゆずらなければならないだろうが、だからと言ってその確実性体験が本源的種類の認識の場合よりも劣弱にしか感じられないということはない。精確な意味での明証につきフッサールが必要

＊4　ドイツの哲学者。認識論から存在論へという二十世紀初頭の潮流を作った。現象分析、問題分析、解決の試みという方法論に特徴がある。

＊5　現象学の創設者。ブレンターノの高弟。明証性の哲学として現象学が提唱されると、間主観性が脚光を浴びるようになった。

としたような「最も安全な充足的総合」は数学上の一定の命題を度外視するなら到底達成できないことである。他方、一定の見解が世代全体に明証的なものとして通用しても、次の世代には馬鹿げたこととしか受け取られないことがしばしばある。きわめて堅固に根拠づけられているように見える真理でも、いつの日か別の「真理」にとって代わられる運命にある。「昨日の自明の真理もおそらく今日にはすでに誤りである。」

以上の見解は次のことを意味している。すなわち、確実性ないし明証体験の際には純粋に論理的な過程は問題になりえず、範疇的・究極的な認識の解決に際しての明証体験は原理的には事実経過のいろいろな供述の組合せに際しての確信体験となんら異ならない。

この点で数学が例外になるとすれば、それは数学においては思考がその内容自体を作り、生活からそれを取り出すのではないこと、したがって初めから一義的かつ一般的に妥当する判断を許容するような理想的事例が扱われていることによる。

かくして簡単な問題解決の場合にも、裁判官の心証形成の場合にも等しく意志衝動により推進され、比較と関係把握とにより解決を導く思考行為は解決意識ないし解決感として捉えられるが、この意識ないし感は解決行為が絶対的正しさに到達する場合にかぎり存在するわけでは決してないということは確かである。なぜなら、自分なりの事実の組合せの正しさのゆえに「心証をえた」人がたとえば外部から刺激されて別の比較と組合せとを行なうことによって、従前の心証を棄て新たな心証をうることがしばしばあるからである。したがって解決感は絶対的真実ないし正しさを裏づける事実によって根本的に条件づけられるわけではさらさらなく、第一次的には主観的要素・全生活態度・性格・教育・気質によって条件づけられるものである。客観的要素も解決意識の出現のために役割を果たすことはもちろんである。なぜなら、客観的に妥当する論理則に基づいてのみ関係把握は可能なことであって、それに続いて行なわれる検証すなわち（すでに解決意識により把握されている）結論の再審査は、その結論の放棄したがってその解決意識・心証の破壊に至ることもあるからである。

到達された解決ないし認識に対する信念が思考の実行の際にどういう役割を果たすかが、ここに看過すべからざる明瞭な姿で浮かび上ってくる。人間の性格の中でつちかわれ、外部の特に教育によって一定の方向に向けられ固定された確信準備状況（Glaubensbereitschaft）は、「客観的」に明証的な判断関係によってそれへの信念を強いられることはないが、ある観察者には全く明証的と映らなくても他の観察者には否定しがたい程に確実に映るという状態となることがある。信念は常に明証の主観的付属物であって、一種の精神的行動準備（seelische Handlungsbereitschaft）つまりいうまでもなく圧倒的に潜在意識下で行なわれる決定形式の中に現われるものである。決定形成については後に再びとりあげる。

四　解決意識その二

こういう解決感ないし解決意識、確実性体験ないし満足体験は、これらをいかにもっと細かく分類すべきであろうか。

感性的感覚の領域において多様な刺激が一致する際の調和という基本的な美的感覚の場合と同様に、右に示した場合においては一致感ないし同一感が問題となる。同様に思考の領域でも、概念と判断との一致、判断中の主語と述語との一致感、他人の判断と自己のそれとの一致は明証感・知的調和感・確実感を惹き起こし、それと反対の場合には疑問感・不和感が非明証感を惹き起こすのである。

右の二つのグループ（明証感と非明証感）の感情は共にいわゆる形式的感情（Formalgefühl）（情緒とは区別される感覚的感情。外面に現われる感情）に数えられるべきであるが、他方、形式的感情は「一般的に言って調和・一致・妥当およびその反対事実と結びつく快・不快感の第二段階に属する特殊な場合の一つ」である。この「対照」は「同化可能な」ときにかぎり快感を惹き起こす。この「対照」にとって不調和はきわめて強くかつ鋭く反応する感情である。言葉の正しさや習慣にいささかでも抵触すると、たしかにそれは感情によってとりあげられ記録される。しかし、判断において相互に矛盾する表象が併存していることとか、知覚や経験に基づかないことを主張もしくは是認することは、特に不調和と感じられる。心証からのズレがわれわれに歩み寄るときに感じられる不調和・矛盾感もこれに属する。言葉や思考や観察における和合は強い快感・共鳴感・調和感を惹き起こす。

すでに述べたとおり、これらの感情はすべて、われわれの知的生活の随伴現象として十分にはまだほとんど知られておらず分析もなされていない、といった状態にある。もちろんそういう感情はこれを生み出す思考過程の正しさを測る規準には全くなりえない、ということを十分に認識しなければならない。信念感・確実感・明証感・調和ないし無矛盾感が思考過程の正しさの標準でないことは、調和感が必ずしも美しさの規準でないことと同様である。そしてこのことから次のことがわかる。すなわち、解決意識ないし明証感は解決もしくは総合判断、判断もしくは判断関係の論理的正しさあるいは無矛盾性の根拠ないし原因ではなく、確定的判断に対する心的抵抗がもはや現われないところに出現する付随物にしかすぎない。さらにこのことから次のことがわかる。すなわち、「知的一致感」は外部の権威あるいは内部の権威（「超自我」）の権威的抑圧または新たに提出される反証によって強要されるか除去されるかのいずれかである。

無意識的な矛盾を含んでいる事柄や関係がある人にとって当然なことに見えるとの理由から、または他の人には全く明らかに見えるためにもはや矛盾の見つからない判断が思考上の無矛盾性を示す決定的な点になお到達していないとの理由から、明証感を伴わない事例が生ずるのは決して稀ではない。しかし明晰化に成功しさえすれば直ちに解決感も生ずる。それにもかかわらず、一方では知的冷淡さや鈍感さ、他方では情熱的激しさや狂信的没頭の性格がしばしば決定的な役割を演ずることも明らかなことである。なぜなら、判断の正しさに関する決定が計算問題の一つであると考える純粋に理知の人の冷静な考慮は――狂信的に一つの解決に向かって突進するところの精神的に向う見ずの人の盲目的情熱が到達する点と異なる点に位置する――明証感に到達すると考えられるからである。

ヨードゥルはこの点につき正当にも次のように指摘した。すなわち、こういう成功感・一致感・力量感、これらと反対の感情と共に人格的感情も現われるが、それが現われるのは思考作業自体の難易のみでなくて、自己の能力を考慮した上での自我にとっての難易もが感じとられるかぎりにおいてである。

このことからさらに次のようにいうことができる。すなわち、解決意識は力量感・うぬぼれ感・自負感あるいは屈辱感・羞恥感・侮辱感と結びつくが、思考過程が他人の面前や監督下で行なわれれば行なわれる程その結びつきは容易である。この考察は裁判官の心証形成にとって非常に重要である。なぜなら、心証形成の際の困難さから生ずる羞恥感を克服もしくは抑圧しようとする努力は、心証形成をでっち上げる意識がそれと結びつくことを排除し、反対の疑念の自発的な打消しを一貫してもたらすからである。そういう思考作業の際に、程度は異なれ見られる熱心さは、決定を求めて苦闘している人にとって決定を獲得することが如何に困難かを示すものである。

しかし、解決意識に至る思考過程の短絡は気質に条件づけられる解決の熱望だけに基づくのでは決してなく、思考過程自体の短絡に基づくものであることをなお強調しなければならない。なぜなら、同じような類似ないし近似の事態がくりかえし思考の上で理解されるならば、無意識のうちにでき上がる思考過程の経済学によって思考過程の中間要素は飛ばされる、つまり思考過程中に無意識的に編入されるように見えるからである。このことは訓練によって覚え込むどんな仕事についても言えることである。こういう場合には先行事実が意識に上る以前に新しい関係把握が行なわれる。そして特に、連合的関係把握と呼ばれるものが問題になる。

少なくとも事態もしくは関係の把握は判断（一般的）に属するということもわれわれは見て来た。だがこれでは十分でない。なぜなら、関係把握は必ずしも判断（判決的）であるとはかぎらないからである。リンドワルスキーの例によると、色とりどりの線で作られた多角形につき、その規則性に関して関係把握と並んで判断が行なわれることは確かであるが、色の多様性の認識は、たとえそれが判断でないとしても、関係把握とはいえるのである。

けれども、本人による関係把握が判断にとって必要不可欠でないということは、また次のことを示している。すなわち、それ自体必要不可欠な思考作業を自分で行なわなくても、他人の見解を自分の判断とすることができ、またはさきに得られた判断を、自ら改めて解決行為を行なわなくても受け容れることができる。

もっとも、このことは当事者が判断の中に述べられている関係把握に到達すること、したがってあとから関係のつながりを認識すること、それができるかぎりにおいて可能なことである。そのような場合においても——さきに概要を述べた人格的感情を伴う本人の心証感が問題にならないとしても——受け容れられる判断には心証感が伴うのである。しかし、純粋な関係把握と同じく確実性のみが判断の本質を構成するものではないので、能動的要素——事態関係に対する既得の理解に基づく肯定もしくは否定——が解決行為を形成するのである。

よってわれわれは再び特に争われている点、すなわち有意的要素が心証形成に含まれているか、それとも確実感ないし明証感は真相把握の中に認識されまたは感じられる調和の結果かという問題に立ち戻ることにする。疑問消去の最終段階は、それが本当に存在するとすれば、潜在意識中に現存する心的決定行為を通じて、それとも超自我によって行なわれる心的決定行為を通じて到達されるのか。

右の有意的要素が心証形成の最終段階に所属していることは、この問題を論じてきたほとんどの心理学者が認めているところであるが、言葉の上でも疑問消去の過程を疑問の「克服」と特徴づけて、この最終段階に行為の意味を付与していること、つまり内観という自己体験からも明らかである。判断における右の行為的要素を、実験的研究も特に特徴的なこととしている。リンドワルスキーも詳しく述べているように、関係把握の中には行為的ななにかが含まれていること、しかも人が自己の「心証」と考えること——それは単なる主張にすぎない——にいかに熱心になるかということを十分に顧慮してみれば、判断（Urteil）の成立につき意欲（Wollen）が決定的意味を持ち、それが「心証」主張の段階まで続くことは疑いない。

とりわけ正確に証明可能な事実の主張が問題にならない場合には、「得られた」心証の擁護の折たいてい意志――それは当然気質により異なる――はすでに心証形成の際にその方向に拘束されて存在した活動力（Aktivität）から説明できる程度の強さを示す。しかも他人の権威に基づいて下された判断においては、賛成という任意の行為があって初めて自己の判断体験が完了に至るということが特にはっきりする。この内心の賛成という行為はほとんど例外なく無意識のうちに形成される決断によって導かれるものであるが、認識されあるいは感得される確実性と並んで判断の確実さを生む。そしてこの行為の本質は意志の確固不動性および無条件性にある。

ところでこの意志的行為（Willensakt）が――右のようにして明断に認識されるに至った疑念が、心証形成によって動機づけされるべき行動を阻止してしまうような未決定もしくは困惑の状態を、招来する懸念のある場合にはいつでも――合理的理由によってもはや基礎づけられない確実性をもたらすのである。そして思考よりむしろ意志が究極的には人間生活の土台だとの認識、デカルトの「我思うゆえに我在り」よりむしろメヌ＝ド＝ビラン[*6]の「我意志すゆえに我在り」が精神生活固有の原動力だとの認識には深い英知が含まれている。いずれにせよ、意志的自己体験に対する洞察の方が思考過程の単なる自己観察よりも多少は超自我に近い所に位置している。

意識的意志（bewußter Wille）――これと恣意的感情・偽造感・不調和感とが結びつく可能性は常にある――が疑問の解消を達成するのでなく、疑問のため行動できない人が行為できるようにする重要な心的メカニズムが疑問解消を達成するのである。このことを人が自覚する――つまり心証形成の最終段階における意志的性質をこのように理解する――かぎり、「人が行動の基礎にしようと決断したこと」を誤って主観的真実ないし確実性と考える誘惑に引きずられる恐れがある。のみならず、この点まで高まってきた蓋然性で表わされる中間段階は存

＊6　仏スピリチュアリスムの祖と目される哲学者。認識の源泉を感覚に求め、意志的契機の重要性を明らかにした。

在せず、そこには二者択一が存在するだけなのである。したがって、確信ないし決断が容易か否か、証明が上等と見えるか否かといった問題はたいした問題ではない。人がある「認識」を自分の行動の基礎にしようと決心したならば、そのとき正に一つの真実ないし心証がそこにあるのであって、真実の価値内容はもはや議論の対象にはならない。

ところで、どの「真実」も客体と主体との間の符合、認識と認識対象との一致を意味するのであるから、心証形成に導く意志決定は――さきに存在しなかったしまだ存在しない――この相等性の精巧な創造を意味する。そして、こういう意志過程のメカニズムは真実の承認のために決定的な役割を演ずる決心が――整然たる熟慮を欠く場合にも――行なわれる際に明らかになると言ってもよいように思われる。そのとき心証感に必要な確実性の程度は人により時によって異なりうるのであるが、誰によっても直観的に確実性の本質的特徴に対応すると感じられるものなのである。当然のことながらその中に存在する――当該真実に対応しているかのように見える――重要にして不可欠なフィクションは行動状態にある行動者には決して自覚されることはない。なぜなら、そうでなければ行為準備（Aktionsbereitschaft）にとってかくも不可欠のフィクションはその重要な目的を達成できないからである。行動者は――自分の中で生きている自己固有の行動への決意においてのみ――心証形成、決定形成両者の速さの違いによる効果の差異を体験するのである。

裁判の領域でも絶えず迅速な決定と行動とを行なう必要が裁判官にはある。そしてこの――彼の心の準備を必ずしも考慮しない――決定形式の強制は、決してくつがえされない程確固とした事実ないし真実に基づいているとは限らない。しかし裁判官は心証を得なければならず、それを法律が彼に要求しているだけでなく、実際にも心証に到達しなければならないから、彼は自らを軽蔑的に見るようなことはしない。もっともこの心証形成は次の場合に可能であるにすぎない。すなわち、初めから激しすぎる規準が課されていないとき、言いかえれば迅速な心証ならびに決定形成の「有意義メカニズム」が不可欠にして、しかもそれのみが可能だと承認されているとき。

右の規準が人によって異ならざるをえないことは、人間のしたがってまた裁判官の気質および性格の多様性からしてやむをえない。裁判がきわめて不安定な状態におかれてもよいという譲歩を人は望まないが、裁判官は絶対的真実を発見できる存在でなければならぬとのフィクションも人は支持しないであろう。

五　解決の検証

獲得された確信は個々の問題解決に関係する明証体験・感情と同様になんら最終的でないということ、当座の確実性と無条件性とは右確信の検証にかかっていること、両者（個々の確信は終局的ではなく、検証が必要だとする立場）をわれわれはすでに見てきた。ところで、検証の必要という点では両者の場合の確実性体験になんら変わりがないことは疑いのないところである。すべての判断能力者によって行なわれるこの検証は、範囲の違いはあれ、どの人も一度得られた自己の心証が消失するのを見た例が数多くあるという点に基づいている。すべての思考過程の客観的正しさや信頼可能性が保証されるとは限らないことについてのこの認識によって、特に思考過程が主観的感情に伴われているとか方向づけられているとか意識される場合には、心証の基礎の正しさを測る客観的規準を探し、それによって検証の実施を企てるべきことが勧められている。人が全分野もしくは特殊分野での思考に熟練していればいる程、単なる心証感をして問題解決の完結と考えることに抵抗を感じるものである。

ところで既述のごとく、思考過程はすべて意志動作であるから、心証的結論つまり解決もまた、まず第一に一定の目標に向けて開始された意志動作が獲得した結果を有用な作業素材として利用することが可能だという事実によって、保証される。このようにして、真理の実証的検証が履行される。なぜなら、解決意識ないし心証感が現われているにもかかわらず、結論――それが精神的であれ肉体的であれ――が企てられた意志動作にふさわしくなければ、得られた心証もその点で正しくないことは明らかだからである。もちろんその検証は結論の客観的正しさ（心証形成の段階でこれを確定することは通常不可能である）によってでなく、作業仮説証の有用性が正しさの客観的規準なのである。

かくして、今後の思考作業のために、得られた結論の真実性ないし正しさの客観的規準としての実際的検証を考えるならば、それはプラグマティズムの見解と完全に一致する。しかもプラグマティズムは論理的演繹が一見最も純粋な形で支配している分野つまり数学を選んだ。なぜなら、数学的関係の欠陥・矛盾のない完全な体系——ユークリッドの平行線公理に基づいてこれを構築できるのと同様に平行線公理を否定するにとどまらず他の公理で置換さえしてしまう非ユークリッド幾何学に基づいてもこれを構築できる——は別の説明の仕方では説明できないからである。それ自身全く矛盾のない幾何学はどれも、論理的演繹によっては優先権を与えられない。どれを優先的に応用するかを決めるのは、実際的有用性のみである。それゆえに、有用性の規準は明証感ないし心証感を努力して得るための最重要な手段の一つであり、同時にそれが心証形成過程を終結させる意志的動因（volitive Agens）の方向を規定することは確かである。

こういう「今後の作業」のための結論の有用性ないし妥当性は、次のいずれかの点に現われる。すなわち、当該結論がさらに進められるべき推理の基礎を与え、それが目標に貢献する別の思考過程の中に調和をみだすことなく組み込まれること。または、マッハ[*7]が述べているように、精神的調和の中に入り得るか、少なくともそれをみだすものでないこと。

後者もまた思考の上での有用性を間違いなく保証する機能を有することは、特に心証形成の場合には明白である。この場合においてはいろいろな証言から得られる総合判断的結論が、同じ方向中にある今後の作業の基礎となることがしばしばである。右の結論が出され、事実像（Tatbild）が現われ、そしてそれが価値判断（刑罰）や予防策の基礎とされなければならない。それゆえに有用性の検証は、結論への到達ないし解決に先立って行われることであって、得られた結論が個々の事実と矛盾しないのはただ回顧的に見るときだけである。だから、そういう場合には検証は思考過程を伴うのであって、その思考過程は単一の問題解決の場合は別であるが、多くの——時には非常に多くの——個別的問題解決から成り立っている。

この有用性の規準特に明証的判断——それは学問的に正しいとは言い難いとか証明できないとかされるのであるがフィクションとして適用すると利益のあることがはっきりしている——による検証は、判断ないし事実関係の理解の明証性がその「正しさ」の規準でなく、むしろ実際的検証が行なわれたか否かが唯一の規準であることをはっきりと示している。

問題解決と心証形成との根本的違いについて、なおふりかえって述べておくべきことがある。と言っても、その違いというのは明証感の本質にかかわることではない。それは一回的思考（Okkasioneller Denken）と先例的思考（dispositioneller Denken）との違いである。一回的解決とは一つのケースについてのみ有効な解決のことであり、先例的解決とは多くの類似ケースにも適用可能な解決のことであると理解されるべきである。実生活とりわけ裁判官の心証形成については一回的思考が圧倒的に重要なことは、なにも言わなくても明らかである。心証形成のさい裁判官には一つの事件だけが眼中にあり、その事件は全く例外的であって、当事件における思考の組合せと具体的展開とが別の法律事件でくりかえされるということではない。けれども、そういう事実経過が数多く解明されていくうちに、証人尋問や供述の評価等につき一般的に妥当する知識が発見されるに至ることはありえないことではない。さらに、裁判官が商人・外交官・詩人・教師などと同じように合理的な論理則にしたがって思考過程を操ることはきわめて稀であり、むしろ無意識的・本能的・直観的に自己の専門分野で習得された機械的操作順序（Routine）によって思考を進めるのがほとんどである。その思考に際しては、彼はいろいろな

＊7　オーストリアの物理学者、哲学者。科学法則とは、観察される現象間の相関であり、そのことは意識と生理においても同様だとした。

事実の組合せを概観し、非常にしばしば純粋に感情にしたがって自分に「正しい」と見えるものを選び、あるいは性向に合っていて時々使われる思考経過（Denkablauf）に基づいてそれを選ぶのである。

その際思考過程は厳格な推論の形で進行するのでなく、可能性を考え、矛盾のない実際的な有用性という見地から考えられる結論を推量かつ吟味しなければならない。だがたいていは多くの類似ケースを通して獲得され時間の経過につれて絶えず短縮される思考の機械的操作順序に基づいて推論の中間段階を跳び越え、そうすることによって多くの個性的・一回的な要素を無視して推移するのである。裁判官は特にそのような――心証形成をうまく短縮するが法律事件の一回性を公平に評価しない――機械的操作順序（ルーティーン）に対し警戒を怠ってはならない。迅速な裁判に非常に役立つように見えるルーティーンの短縮が、裁判官自身に自分の「心証形成」の不確実さを自覚させることなく、もしも審理・認定・判決に通暁しているとの優越感を裁判官に与える性格のものであるなら、それはつねに――短い中断はあるにせよ――正義を裁判の根本として要求することを誇りとしてきた国民の裁判の威信にとって非常に有害と思われるからである。

けれども右の機械的操作は――それによる心証形成の短縮の場合には裁判における「各人にその分を与えよ」（suum cuique tribuere）の理念が実現不能としても――審理期間を短縮し古くさい手続きの遺物を消滅させるのにはきわめて適当であるかもしれない。実務家もまた職業柄手慣れた思考作業の短縮の際に――そのことを自覚していないとしても――一定の合理的論理則を当然利用するに違いないことは自明のことである。なぜなら、多くのこういう思考法則は日常生活の上で意識的操作に関係なく思考経過をリードする指針となっているからである。

このような一回的思考とは対照的に、先例的解決もしくは一般的解決を目標とする思考は全く別の問題状況すなわちその解決が典型的意味を持つところの典型的問題を対象とする。立法者の思考もそういう思考に属するということを、ついでに述べておいて差支えあるまい。裁判的思考と立法的思考との間のこういう根本的対照性をさらに追求していくことは非常に興味のあることである。けれどもその解決行為・解決意識および検証は、一回的思考に伴う心理過程の場合と異ならない。われわれにとって重要なのは、もっぱらこの点である。これと共に重要なのは意志動因（Willenstrieb）の圧倒的関与・感情の影響・感情の随伴を認識することである。これらは心証形成を可能にするもの、いな強制するものなのである。明証や心証を理性的思考固有の規準としてでなく、明らかに重要な意味を持つ無矛盾性とその調和という——圧倒的に感情により規定を受ける——精神上の快楽体験として把握することもまた重要である。

（中京法学一四巻一号、二号、一九七九年初出）

訳者解説その一

裁判とは、事実を知ることである。正しい事案認定は、事案に即した公平な裁判の前提である〔Käßer, Wahrheitserforschung im Strafprozeß（Berlin: J. Schweitzer, 1974）, S. 1〕。事実認定は、このように重要な問題であるから、その研究の必要性は、非常に高い。

人がどのように感じ・考え・行動するかという問題、人がどのようにして決定を行なうかという問題、そして人の知覚・記憶とはなにかといった問題などに関する科学的知識が、事実認定の研究に必要不可欠である。そして、それらの問題は、心理学の研究対象である。法的文脈における人の行動を研究する学問は、「法心理学」（legalpsychology or psycholegal study）と呼ばれる。証言の信頼性は、法心理学において今世紀初頭から研究されてきた問題であるが、法心理学は一九六八年に「アメリカ法心理学会」（American Psychology-Law Society）が設立されて以降、主としてアメリカで盛んになった。次いで、イギリスでも一九七七年に「イギリス心理学会」（British Psychological Society）の中に「刑事・法心理学部会」（Division of Criminological and Legal Psychology）が設けられるに至り、法心理学は、研究の幅と深さを増して行った。Farrington, "Psychological Research on Behaviour in Legal Context": Chapt.1 of Farrington, Hawkins & Lloyd-Bostock（Eds.）, Psychology, Law and Legal Processes（London: Macmillan, 1979）は、法心理学がこれまで研究してきた問題の種類と研究の成果を簡潔にまとめている。この論文を読むと、これまでなされてきた研究の幅の広さと量の多さに驚かされる。

この論文によると。事実認定に関する研究では、証言の信頼性（少年及び幼児の証言の信頼性を含む）・ウソ発見（ポリグラフの信頼性）・陪審の評決がどこまで証拠によりどこまで非法的要素によるかという問題に関する研究は非常に量が多く、且つ注目すべき発見もなされているが、本書が扱っているような裁判官の心証形成に関連する研究では、「合理的疑問を容れない」（beyond reasonable doubt）を人は数学的確率でどのように表わすかという問題の研究、「確実性」（sure and certain）・「合理的疑問を容れない」・「証拠の優越」（more likely than not or preponderance of evidence）のちがいがどのように考えられるかという問題の研究が発表されているにとどまっている。

本書は、出版されてから三〇余年を経過し、その基礎になっている心理学は、心理過程を精神構造の要素としての感覚・意思・感情などに分解し、またそれを統合するといった、要素論的・構成論的で、哲学から未だ完全に分離されていないことを特徴とする心理学である〔南「行動理論史」岩波〈一九七六年〉一ページ参照〕。これに対し、現代の心理学は、「行動の科学」（science of behaviour）といわれ、古い心理学のように「意識現象」でなく「行動」を研究対象とし、反証可能な理論・経験的結果の再現及びコントロールされた実験にウェイトを置く。そこでは、一つのファクター（独立変数）の変化が他のファクター（従属変数）に与える影響に関する仮説をテストするために実験が行なわれる。但し、実験といっても、実生活における実験は法的・倫理的理由から困難であるので、人為的なものにならざるを得ない。そうすると、そのような実験によりテストされた仮説を実生活に一般化することの妥当性が問題にならざるを得ない。しかし、内部的妥当性と外部的妥当性を兼備した実験に基づく仮説は、「法則」として通用すると考えられる。英米の法心理学の基礎になっているのは、このような心理学である。従って、現代心理学から見ると、本書に対しては、いろいろ批判があるかも知れない。しかし、法心理学において、前記のとおり、裁判官の心証形成に関する研究がほとんど見られない現状に鑑みると、本書の存在は貴重で、古典的価値があるように思われる。

本書は、裁判官の心証形成過程を心理学でいう「問題解決」過程として把えている。後で述べるように、最近の事実認定の研究動向の一つに、事実認定を「不確実性下における決定」と考え、統計的決定理論（statistical decision theory）を応用する研究がある。しかし、決定理論的モデルに、事実認定の複雑な要素を全部イン・プットすることは不可能であるので、この方向での研究には限界がある。そこで事実認定を「問題解決活動」（problem solving activity）と考え、推論行動（inference behaviour）の記述的特徴を明らかにする方向での研究が示唆されている。〔Wendt & Vlek (Eds.), Utility, Probability, and Decision Making（Dordrecht-Holland: D. Reidel, 1975）, p.221〕。このように、本書の基本的な考え方が正しいことは、現代においても承認されている。私が本書に対し、前記のような評価を下すもう一つの理由は、この点にある。右の方向で現代心理学の理論と方法を応用した事実認定の研究が期待される。

本書は、心証形成過程を心理学的に分析しているだけでなく、たとえば原著一二ページ以下のように、心証と「蓋然性（確率）」の関係を論ずるなど論理的な面での研究も行なっている。この方面では、一〇年ぐらい前から、確率論におけるベイズの定理や統計的決定理論を応用する研究がなされている。前者の例としては、たとえば、Finkelstein & Fairley, "A Bayesian Approach of Identification Evidence", 83 Harv. L. Rev. 489（1970）; Finkelstein, Quantitative Methods in Law（New York: The Free Press, 1978）などがあり、後者の例としては、たとえば、Kaplan,"Decision Theory and Factfinding Process": 20 Stan. L. Rev. 1065（1968）; Cullsion, "Probability Analysis of Judicial Fact-finding Process: A Preliminary Outline of the Subjective Approach": 1969 U. Tol. L. Rev. 538（1969）; 松原「意思決定の基礎」朝倉書店、一九七七年、一九九ページ以下などがある。Wendt & Vlek, op. cit., Sec. には、前者の研究 Lindley, "Probability and the Law" と Fairley, "Probabilistic Analysis of Identification Evidence"、後者の研究 Marshall & Wise, "Juror Decisions and the Determination of Guilt in Capital Punishment Cases: A Bayesian Perspective" 双方が収められている。

このように、事実認定に数字を応用することに対しては、Tribe, "Trial by Mathematics: Precision and Ritual in the Legal Process": 84 Harv. L. Rev. 1329（1971）が詳細な批判を行ない Finkelstein & Fairley と Tribe との間

で論争が展開された〔84 Harv. L. Rev. 1801（1971）〕。また、Cohen,The Probable and the Provable（Oxford: Clarendon Press, 1977）は、法における証明度（degree of proof）を数学的確率を使って分析することは、多くの矛盾及び例外を生じるので、誤りであることを指摘し、証明度を数学的確率に代わって「帰納的確率」（inductive probability）という独自の概念により解明しようとしている。以上は、ほんのわずかな例を挙げたにすぎないが、事実認定の論理的もしくは哲学的な面での研究は、本書が書かれたころより相当進んでいる。

この翻訳にあたっては、二人で議論して正確と読みやすさを心がけたが、私どもの力不足から誤訳など問題点が多数あるかも知れない。読者諸賢の叱正をお願いする。

（中京法学一四巻二号所収）

（文責・田中嘉之、一九七九年）

訳者解説その二

本書の内容を簡単に振り返っておこう。

第一章（問題の提起）は、疑問の克服は、主として情緒（Emotion）によって条件付けられているとする。次いで第二章（帝国裁判所の実務とその批判）は、高度の蓋然性が存在するとの認識主体の意識が真実の心証であるとしている点は正当であるが、遺憾ながら情緒による影響を認めていないと批判する。

第三章（より古い文献について）は、多くの学者によって情緒による影響が指摘されているが、その内容は十分に解明されていないとする。しかし第四章（哲学問題としての心証形成――明証の問題）では、確信とは「判断付加物」であり、判断者自身との調和感がその本体であるとされる。

そして最後の第五章（心証形成の心理学的分析）は、情緒的要素を考慮して確信形成に至る心的過程を分析し、裁判上の確信形成は、解決行為、解決意識、解決検証から成るものであり、心理学上の問題解決過程と同様であるとし、確信形成とは、感情により規定を受ける、精神上の快楽体験であると結ぶ。

本書が出版されたドイツの帝国裁判所時代には、主観的確信と高度の蓋然性との二つの主張が対立していた。戦後、連邦裁判所は主観的構成を採用し、有罪判決には「合理的疑いを超える証明」が必要だとした。だがこの合理的疑いの程度については、連邦裁判所は下級裁判所に向かって、過大な要求をしないようにと戒めた。

主観的構成が採用されたと述べたが、これは有罪判決には確信を必要とすると述べているだけであって、このことによって高度の蓋然性という概念が捨て去られたわけではない。高度の蓋然性は「確実性に接着した蓋然性」として裁判官の有罪確信の基盤を形成している。ただしボーネのいうような情緒や感情に影響されるとは考えられていない。いかにもドイツ人らしい理論構成である。これらの考え方は日本法にも大きな影響を及ぼしている。証明の程度についてのわが国の指導的判決は、有名な甲府放火事件判決（最高裁判所判決昭和四十八年十二月十三日判例時報七二五号一〇四頁）であり、次のように判示する。「刑事裁判において『犯罪の証明がある』とは、『高度の蓋然性』が認められる場合をいい、それは、反対事実の存在の可能性を許さないほどの確実性を志向した上での『犯罪の証明は十分』であるという確信的な判断に基づくものである」。

言葉はまことに美しい。論理的でもある。しかしこれが実務の実際で生かされているかというと、答えはなかなかむずかしい。私はある大きな国家賠償事件にかかわったことがあった。有罪判決に必要な証明の程度が問題になったとき、裁判長は七〇～八〇％と答えて弁護団を仰天させた。さすがにまずいと思ったのか、一旦休憩した後、前言を取り消した。もう一つの経験。地方の大都市でお忍びのかたちで集まった裁判官に対し陪審について講演したことがあった。「疑わしきは被告人の利益に」に議論が及んだとき、若い裁判官が「もし真犯人だったらどうするのか」と質問して私を驚かせた。

これらの事実は世間に流布しなかったが、学者をも議論にまきこんだ有名な論争がある。それが「木谷・石井論争」である。詳しくは、木谷明著『事実認定の適正化』（二〇〇五年、三頁以下）を読んでいただきたいが、木谷教授が「合理的な疑い」の有無の判断にさいしては、疑わしきはの鉄則に従うべきだとの趣旨の主張をしたところ、石井教授はあまりその鉄則を重視すると、有罪を無罪の領域に押しやるおそれがあるとの趣旨の批判を行なった。

私の見るところ、これは証明の程度や正義の問題ではなく、治安維持を重視するか、人権保障を重視するかという、裁判官の姿勢の問題のように思われる。事実認定における自由心証の問題は全人格的判断の問題であるから、判断者の生まれ、育ち、受けた教育、属している階層、現在の地位、交友関係など、それぞれの人間を取り巻くあらゆる条件からの影響を受ける。その人が意識しているといないとを問わない。

ボーネが「情緒」と表現したのは、私にはこのことのように思われる。全人格的判断と言い換えてもよい。私はかつて自由心証主義について研究したことがあったが、この壁に突き当たって、制度的保障の方向に逃げた（庭山『自由心証主義——その歴史と理論』〈一九七八年〉）。本書を公刊するのは、そのときやりのこした仕事を補完する意味合いもある。

ここで「合理的な疑いを超える証明」とは何か、という問題に移る。いろいろなアプローチの方法があるが、ここではその概念がいつどのようにして生まれたかに焦点を当てる。一二一五年に神判が廃止されて、イギリスでは陪審が生まれ、大陸では糾問手続きが生まれた。初期の陪審にいかなる証拠法や証明基準があったかについては、ほとんどわかっていない。証明理論を生み出す原点となったのは、ジョン・ロックの『人間悟性論』（一六九〇年）であった。彼は蓋然性、高度の蓋然性、確実性の概念を区別した。

十七世紀後半に、陪審評決のための基準として「納得した良心」という観念が生まれた。この観念は次第に理性的確信、すなわち合理的疑いを超える確信と同義となっていった。

実際、架空の陰謀といわれる、カトリック教徒による国王暗殺事件（一六七八年）において、裁判官は陪審に対し有罪評決をするためには、証拠と納得した良心とが必要だと説示していた。

ところで「決疑論」とは、道徳上の行為の善悪を倫理原則によって判断する学派であり、イギリスでは中世にまで遡る歴史を有するが、十七世紀末には完全に消滅していた。しかしその思想は十八世紀の道徳哲学に受け継がれた。それらが良心とは、意思のみでなく理性の働きをも含むと主張している点に注目したい。

目を転ずると、一七七〇年のボストン大虐殺事件において、裁判官は伝統的な「納得した確信」という公式を採用した。検察官も「証拠が合理的な疑いを超えて確信を抱かせないならば、陪審は無罪と判断すべきだ」と述べた。このような動きは、一七九五年のアイルランド反逆罪裁判にも続いて現われた。これらの裁判は、当時の有名な裁判官兼学者であるジェフリー・ギルバートの学説の影響を受けていたと考えられる。

ギルバートは一七五六年にこの種の最初の著作ともいうべき『証拠法』を書いた。彼には『ロック人間悟性論提要』という著作もある。この流れをアメリカにおいて継承したのがジョン・ウイグモアであった。彼は不朽の名著『法律学的、心理学的及び一般経験からの所与としての裁判上の証明に関する原理』（一九三一年）を世に残した。心理学をも取り込んでいる点に注目したい。

英米証拠法の歴史（参照、庭山英雄・融祐子訳、バーバラ・シャピロ著『「合理的疑いを超える」証明とはなにか――英米証明理論の史的展開』二〇〇三年）について少し長く語りすぎたかもしれないが、「合理的疑いを超える」という概念が、陪審で生まれ、裁判官がこれを積極的に広めたという歴史的事実を知らなければならない。ここからわかることは、同原則は政治権力から国民を守るための原則だ、ということである。したがってさきに触れたドイツ連邦裁判所が同原則を無罪判決の制約原理に使っているとしたら、問題であろう。

最後に心理学と本書とのかかわりについて述べる。現在の心理学は、アメリカ流の心理学が主流を占めており、経験科学的なものがほとんどである。経験科学的な結果は客観的事実に根ざしているので、裁判官を説得し易い。にもかかわらず実験の結果さえ、裁判所はなかなか受け入れようとしない。観察と理論とによる、被疑者の取調べについてとなるとなおさらである（参照、村井敏邦編『刑事司法と心理学』二〇〇五年十二頁）。だが体系的知識に基づく観察結果が学問的成果でないはずがない。裁判所は心理学に対する偏見を早く捨て去るべきである。

目撃についての心理学的研究であっても、自白に関する心理学的研究であってもそれらはいずれも裁判所にとっては判断材料の一つにしか過ぎない。判断するのは裁判官である。ここに裁判官の心証形成についての研究の必要性がある。本書の著者ボーネは、当時の限られた心理学（まだ哲学と分化していない）の知識を駆使して、裁判官の心証形成が解決行為、解決意識、解決検証から成り、遺憾ながら情緒の影響から無縁でないことを明らかにした。現代の心理学の水準からすれば、更なる成果を挙げることが出来るはずである。現今の心理学者が裁判官の心証形成の解明により大きな関心を寄せて下さることを切望する。

最近の心理学者が裁判に強い関心を抱いていることは、私も承知している。しかし、裁判官の心証形成についての、心理学者による本格的研究はまだ出ていない（参照、菅原郁夫・サトウタツヤ・黒沢香編『法と心理学のフロンティア』二〇〇五年）。

（文責・庭山英雄、二〇〇五年）

郵便はがき

まことに恐縮ですが，切手をおはり下さい。

6038303

京都市北区紫野
十二坊町十二—八

北大路書房
編集部 行

（今後出版してほしい本などのご意見がありましたら，ご記入下さい。）

愛読者カード

ご意見を，心から
お待ちしています。

（お買い上げ年月と書名）　年　月

（おところ）（〒　）TEL（　）

（お名《ふりがな》前）

年齢（　歳）

（お勤め先　または　ご職業）

（お買い上げ書店名）

市　書店・店

（本書の出版をお知りになったのは？○印をお付け下さい）
（ア）新聞名（　）・雑誌名（　）　（イ）書店の店頭
（ウ）人から聞いて　（エ）図書目録　（オ）DM
（カ）ホームページ　（キ）これから出る本　（ク）書店の案内で
（ケ）他の本を読んで　（コ）その他（　）

（本書をご購入いただいた理由は？○印をお付け下さい）
（ア）教材として　（イ）研究用として　（ウ）テーマに関心
（エ）著者に関心　（オ）タイトルが良かった　（カ）装丁が良かった
（キ）書評を見て　（ク）広告を見て
（ケ）その他（　）

（本書についてのご意見）表面もご利用下さい。

このカードは今後の出版の参考にさせていただきます（お送りいただいた方には，当社の出版案内をお送りいたします）。

※ご記入いただいた個人情報は，当社が取り扱う商品のご案内，サービス等のご案内および社内資料の作成のみに利用させていただきます。

付録

【筆者註】

ボーネ著はドイツでは定評ある出版社より「単行本」として出版されたものであるが、日本では種々の出版事情により量的に不足であるため、ボーネ訳の理解に資すると思われる論稿をつけ加えた。読者のご諒解を得たい。

（庭山英雄）

第一部　論文紹介

◆刑事裁判における法現実主義に関する一考察

（庭山英雄 著）

一　序にかえて

経験法学についての研究は、わが国でもかなり行なわれている。[*1] そのなかの一つ法現実主義についても論策はすくなくない。しかし法現実主義と刑事裁判全体についての関連を考究したものは見当たらない。[*2] すでに法現実主義の主張はかなり滲透している。事実、法現実主義の主張には無関心の法律家でも、無意識裡に法現実主義的な思考をしている例が多い。そこでわたくしは、本稿において、先ず法現実主義とはいかなるものかについて、アメリカ法を中心にして考察し、ついで、そのような法現実主義的思考方法が、わが国の刑事裁判にどのように生きているかを検討してみたいと思う。

わたくしが法現実主義に関心を持ったのは、自由心証主義についての研究を志して間もなくであった。自由心証主義――とくに刑事裁判における――のあるべき姿を探求するうちに、そこにアメリカ法的な法現実主義が色濃く影を投げていることを知ったことであった。これは単にわが国だけの現象でなく、ドイツにおいても、かなり進行している現象であることをも知ったことであった。ここまでくれば、もはや法現実主義との対決を避けて自由心証主義の本質に迫る[3]ことは不可能であった。わたくしは、フォン・メーレン著『裁判過程』（A.T. von Mehren, The Judicial Process in the U. S. and Germany, 1954、邦訳・伊藤正己『司法過程――その比較法的分析』法協七三巻五号[4]）を手始めとして、できるだけ関係文献に目を通し、機会あるごとにその種の研究会に顔を出して法現実主義への理解に努めてきた。

その間にあって、有益な示唆を受けた。二つの研究会についてここに記しておく義務があるように思う。一つは、昭和四二年春に、名大大学院で行なわれた加藤ゼミナールである。これは、加藤一郎東大教授の指導によるゼミであって、「現実主義的法学」（Realistic Jurisprudence）を研究テーマとするものであった。そこでは、フランクの三論文（Jerome Frank, What Courts Do in Fact ?, 26 Illinois L. Rev., 761 (1932); Mr. Justice Holmes and Non-Euclidian Legal Thinking, 17 Cornell L. Qua. 568 (1932); Realism in Jurisprudence, 7 American Law School Rev. 1063 (1934)）とルウェリンの一論文（K. Llewellyn, A Realistic Jurisprudence; The Next Step, 30 Columbia Law Rev. 431 (1930)）とを輪読する機会をもった。その結果法現実主義についてかなり明確なイメージを摑むことができた。ここに挙げたフランクの論文Realism in Jurisprudenceが、アメリカ総合法学会（AALS）での彼の講演記録であって、このあとすぐに、かの有名なHutcheson[5]のJudging as Administrationが続いたことや、これら一連の学界の動向が、一九三三年に出たニューディール政策違憲判決を不服とするルーズベルト大統領による連邦最高裁メンバー入れ替えの方向を反映していることなど、法理論と社会的背景双方に亘って、多くの示唆を受けたことであった。もう一つは、ごく最近催されたダネルスキーセミナー[6]（昭和四四年二月於名古屋大学法学部）である。ここでは、シューバートの著作（G. Schubert (ed.), Judicial Decision Making, 1963）を中心として「裁判過程」の研究が行なわれたのであるが、なかんずく、六本佳平氏の報告Stuart S. Nagel, Off-the-Bench Judicial Attitudesと森島昭夫名大助教授の報告J. A. Dator, Attitudes of Japanese High Court Judgesとが鋭い興味を惹いたことであった。この研究会から、わたくしは、法現実主義一派を超克せんとするその後の学説の内容をかなり明確に　みとることができた。討論の席上、ダネルスキー教授の発言中に、「アメリカの刑事裁判においては、先例拘束（stare decisis）の場合を除き、理論上も事実上も、自由心証主義が当然のこととして行なわれている」との趣旨の発言があったことも、印象に残ることがらであった。

本稿は「刑事裁判における自由心証主義」研究の予備的作業に類するものであり、まことに拙いものであるが、なおこれら研究会に負うところが甚だ多い。予め記して感謝の意を表したいと思う。

二　アメリカにおける法現実主義

アメリカの法現実主義（Legal Realism）は、それに先立つ二つの思潮によって、その基礎を形成されているという。[*7] 二つの思潮とは、ほぼ時代順に、プラグマティズム（pragmatism）と社会学的法学（sociological jurisprudence）とを指す。そこで先ず、それらの所論から検討していくこととしよう。

(一) プラグマティズムの法理論

プラグマティズムというきわめてアメリカ的な哲学思想が生まれる以前にはいわゆる伝統的な法思想がアメリカ法学界を支配していた。この伝統的な法思想の特徴としては、次の二つが一般に挙げられる。[*8] 第一は、それが法を静的な構造としてとらえている点である。すなわち、法というものを、時の社会・政治・経済関係によって左右されることなく、むしろそれを支配するものとしてとらえている点である。そのような法があることによって、社会に静態的な調和が実現されると信じたのである。この調和が破られるとき、これを回復するのが裁判官の任務であり、調和のための具体的基準を示すものが、コモンローの体系であるとするのである。したがって、そこでは、法的安定性が大きな価値をもつものとして認められる。第二は、それが法を所与のものとしてとらえている点である。すなわち、裁判官の行なう裁判活動は、すでに与えられている法を発見し宣明するにすぎないと考える点である。そこでは、裁判過程における法の創造という観念はない。既存のコモンロー体系は、静的であると同時に完全性を具えていると信ずるのであり、裁判官は、社会の具体的事実にどの法を適用するかという、機械的判断を行なう機関にすぎないと確信していたのである。

このような考え方は、その当時までの社会経済構造にマッチしたものであった。社会・経済は静的であって、そのような静的な状況を保つことこそが、法に課せられた最高の使命と考えられていたのである。

ところがアメリカの社会経済構造は、一九世紀末から二〇世紀にかけて大きな変容を蒙ることとなった。資本主義経済が急速に発展してきて、従来のような自由主義的な法によっては対処しえなくなったのである。そこには当然に、法と社会的要求との間に大きなギャップが生じてくる。法曹はこのギャップに対処するために、社会の変化から目をそらすことはできなくなっていき、ここに、法に対する考え方も大きく変容を蒙るのである。すなわち法を、静的な構造より動的な構造としてとらえていこうとする行き方が台頭してくるのである。そこでは法的安定性はもはや重要な価値ではない。法を、確立した秩序の維持のためのものよりも、社会に生起する多くの利害対立を調整するものとしてとらえるが故に法の完全性・固定性はもはや過去のものとなり、裁判の法創造機能がこれに代るのである。

このような新しい法思想を育てる基盤となったものは、ジェームス（James）やデューイ（Dewey）などによるプラグマティズムの思想であった。[*9] この思想は、われわれ人間の生存発展に役立つか否かという、実践的効果こそ真理か否かを判定する究極的基準だとするものである。ところが、生きた人間は常に発展変化するものであるから、人間的生存発展にとって有用か否かの基準も、つねに生々発展するものとなり、絶対的な価値は否定されることとなる。プラグマティズムの思想においては、そもそも普遍妥当性は存在せず、真理はつねに相対的な価値にしかすぎないのである。

　プラグマティズムに対しては、それが独自の哲学としての内容をもたず、その時に応じて適当な哲学を持ち出す、との批判もあるが[*10]、真理が単一であるとの確証はどこにもない。複合的な思想だとしても、それらを統括するところの社会的有用性という判断基準が上に在る。抽象的な思惟を得意としないアメリカ人にとってきわめて適切な生活哲学といえよう。

（二）社会学的法学

　プラグマティズム哲学を法理論に応用したのが社会学的法学である。すでに述べた伝統的な法思想が社会に対して保守的な役割を果したのに対して、社会学的法学は進歩的な役割を見事に果したのである。以下に社会学的法学を担った三巨頭（ホームズ、カドーゾ、パウンド）の考え方を通じて社会学的法学のプロフィルをさぐってみよう。

　ホームズは厳格には社会学的法学の提唱者とはいえないが、アメリカの伝統的法思想に対して最初に楔を打ち込んだ人である。伝統的法学に対する広義のリアリズム法学の創始の栄誉はやはりホームズに帰せられるべきであろう。カドーゾもパウンドもその思想の基本的なところはホームズに負っているのである。したがって、アメリカの法思想に対するホームズの影響はドイツ哲学界におけるカントのそれに匹敵するといわれる。[*11] ホームズの法に対する基本的な考え方[*12]は法予言説に現われている。すなわち、法とは、固定した過去のものではなく、裁判所によって実現されるであろう事実の予測可能性を集約したものであり、したがって、法学とは、裁判所の行為についての予言の学にほかならない、とするものである。この法学にとって、判例や成文法はたしかに有力な素材ではあるが、それだけにとどまる。素材から、法そのものをとり出す手段においても、従来のように、論理を過重することは許されない。論理をこえたもの——経験によって裏づけられた判断と直観——によって、法的決定は大きく左右されるからである。要するに、ホームズにとっては、「法の生命は論理ではなく、経験であった」(O. W. Holmes, The Common Law, 1881, p.5) のである。

この理論を更に発展させたのが次なるカドーゾである。

カドーゾ[*13]は、最高裁判所にホームズの後任として入った裁判官であるが、社会学的法学の立場を現実に裁判の中に具現した人として知られている。彼は、裁判過程の本質を、裁判における選択作用としてとらえ、そこに裁判官の法創造作用を見るのである。

法の本質についてのカドーゾの考え方は、ホームズの考え方に類する。[*14]カドーゾは、現に係属するか、将来発生するであろう訴訟において、判決の基礎となることが、相当の蓋然性をもって予言可能である原理と理論との一体を法と考えるのである。ここでは、法は、裁判への予測可能性の体系としてとらえられている。伝統的法思想において、法的安定性として考えられていたものは、法的蓋然性にすぎないものとされ、法的実在として考えられていたもの（法原則）は、仮説にしかすぎないものとされるに至ったのである。

ホームズ、カドーゾの理論の上に立って、社会学的法学の理論を一応完成の域にもっていったのは、碩学パウンド[*15]であるといわれている。彼の理論は、いわゆる社会工学(social engineering)の理論である。それは要するに、社会には種々の利益が対立しあっているが、この対立する利益関係を調整するところの社会統制こそが法の任務であるとするものである。社会統制がどの程度に達成しうるかという実践的機能のうちに法をとらえようとするところは、プラグマティズムの流れに類するが、法原則や概念の機能をなおかなり重視しているところがホームズと異なるところであり、この点カドーゾに似ている。[*16]

パウンドによれば、要するに法の考え方は一義的なものではありえず、従来の種々の法思想もそれぞれの時代と社会に応じて有意義であったとし、現代の社会に対応する法思想としては、静的なものよりも動的なものの方が価値があるとするのである。そしてこれが社会学的法学の基本的な考え方である。

(三) 法現実主義

アメリカの法現実主義は、哲学的にはプラグマティズムの立場に立ち、法の固定性を否定して、伝統的法学を批判し、さらに、法の規範性を否定して、社会学的法学をも批判する学派である。[*17] しかし、この学派の中には種々の考え方があり、必ずしも統一的なものではない。[*18] だが、法を孤立的なものととらえず、傍系諸科学と提携しつつ、その本質を究めようとする基本的態度においては一致したものをみることができる。たとえばパウンドは、法現実主義とはなにかの問に対して、「自然に対して忠実であり、事実をありのままに見る態度を意味し、事実を想像や希望や感情によって見る態度と対比される」[*19] として、事実をありのままに見る点に特徴を見出している。この基本点に関しては全く共通であるということができよう。

法現実主義は、正確には、二つにわかれる。一つは法規範懐疑主義（Rule-skepticism）であり、もう一つは、事実懐疑主義（Fact-skepticism）である。以下これら二つを分説しよう。

法規範懐疑主義は[*20]二つの意味内容をもつ。一つは、裁判上の決定においては、つねにある種の選択が行なわれるが、その選択を決定する要素には、法規範以外のものが存在するということである。もう一つは、判決にはある整一性があるが、それは法規範によってもたらされるものではなく、法規範以外の諸要素（たとえば裁判官の行動様式や価値観）によってもたらされるものであるということである。

このような考え方に対しては、次のような種々の批判がある。第一に、法規範懐疑主義は、裁判過程の非合理的性格を誇張しすぎる。たしかに裁判過程には非合理的な要素が含まれるが、それは決定的なものではない。法規範の解釈という幅の中で収束しうるものである。第二に、法規範懐疑主義は法的安定性を軽視しすぎる。法的安定性の存在意義は、論理的一貫性（そしてそこからもたらされる法的秩序の維持）という見地から軽視しうるものではない。第三に、法規範懐疑主義は、裁判官の創造的選択性（creative choice）を過大評価しすぎる。裁判官の選択も法規範の枠の中にあるものであって、その外に出て選択を発揮できるものではない。第四に、法規範懐疑主義は、法律用語の「あいまいさ」を誇張しすぎる。その種のあいまいさは、あらゆる言語にまつわるものであり、特に法律に関して強いものではない。第五に、法規範懐疑主義は、法規範の不確定性を強調しすぎる。法規範にはたしかに不確定な一面があるが、それは適用者が人間であるところに起因するものである。人間が用いる以上、人間に本質的なある程度の相対性はやむをえない。これを否定することは、裁判制度そのものを否定することとなる。

これらの批判には、それぞれ一応の理由がある。しかしそれは、静的な社会と完結的な秩序とを前提しての話である。生々発展する人間社会を前提として法を見なおすとき、法の中に動的な要素を見いださないわけにはいかない。この動的な要素は、法をソシアルコントロールの道具としてとらえるときに認めうるものである。法規範への懐疑も、法の実践的機能（ソシアルコントロール）を直視する限り、必然的といわなければならない。

事実懐疑主義は[*21]、法規範懐疑主義よりもそもそもなじみ深く、それだけにわれわれに関心のつよいところでもある。その中核とする点は、①裁判官によってとらえられた事実は、事実そのものではないという点と、②裁判官（もしくは陪審）の事実判断は、本質的に予測になじまないという点との二つである。

これらの主張に対しては、①裁判官（もしくは陪審）の判断は、事実懐疑主義者のいうほどたよりないものではない。この程度の頼りなさは人間の判断に通有のものであって、特に法に関してとり立てていうべき程のものではない。②裁判官（もしくは陪審）の判断が、もろもろの人格的要因によって動かされているというがそれについてのなんらの実証もない、との二つの反論がある。

この事実懐疑主義は、周知のごとく、巨匠フランクの主張するところである。フランクの偉大さは、他の法現実主義者が見のがしていた点（事実認定の非合理性）に正確にねらいをつけて、判決過程における〈人格的要素〉を特に摘出してみせたところにある。

フランクのこの指摘は、単に裁判において有用なだけでなくあらゆる意思決定（decisionmaking）に際して有用な指摘である。人間社会におけるすべての意思決定は事実に対してルールを適用するという方式によって行なわれている。このもととなる事実が不真正かつ不安定であるならば、意思決定についての信頼性は確保しがたい。これを押し進めるならば、裁判の否定にまで行きつく。しかしこの点についての批判は後に触れることとして今は先を急ごう。

法現実主義の特色はほぼ次のようになろう。[*22]次章のために要約しておこう。特色の第一は、伝統的法学の中核をなしていた法的安定性こそ法の本質であるとの信仰に対して徹底的な批判を行なった点である。従来は、法の規範構造が所与且つ完全なものとされ、裁判官はこれを適当に操作することによって、妥当な解決に到達しうると信じられたのであるが、[*23]事実懐疑主義者に至っては、これを全くの小児病的幻想であると決めつけ、法規範懐疑主義者でも、法以外の要素をとり入れなければ法的秩序は実現できないとするのである。その特色の第二は、伝統的法学を支えてきたもう一つの柱である法的概念（論理や観念）に対して徹底的な批判を行なった点である。裁判過程を経て現実になされた判決こそが真の法なのであって、その判決を理由づけている概念や論理は実際には判断を導いたものではない。[*24]論理と概念とによる理由づけは、あとからつけた理屈にすぎない。これを〈真の法〉（法的判断を決定するもの）と見るのはあやまりであるとするのである。この点についての主張は、先ず法規範懐疑主義者からなされ、ついで事実懐疑主義者によって補完（?）されるに至った。

以上のような法現実主義は、幾多の批判を受けながら、今日の法律学全体に対して大きな貢献をなしている。[*25]その一つは、実験主義法学を大きく発展させた点である。[*26]この実験的な傾向は近時一層強くなってきている。かの有名なシカゴプロジェクト[*27]はその典型例である。その二は、全般的に法学を再検討する機運を醸成した点である。この第二の点を裁判に焦点を合わせて眺めるならば、裁判機構において果す人間の意味と機能とに対して、法学者の鋭い関心が寄せられ始めたことを先ず見いだすであろう。さらには、近代国家において裁判機構の果す意味と機能とに対して、（政治学者のみならず）法学者の鋭い関心が寄せられ始めたことをも見いだすであろう。このような意味合で、法現実主義が、刑事裁判における人権の保障の強化に果した意義は、余り意識されないが、決して小さくないのである。

三　法現実主義と刑事裁判

法現実主義が提起した問題意識は、第二次大戦後世界各国の法学界に徐々に広まっていったと考えられる。ドイツにおいて、裁判官の人格的要素（Richterpersönlichkeit）が、事実認定、法適用、刑量定に大きく影響を及ぼす点[*28]につき鋭く意識され始めたのは、やはり戦後のことである。戦前からすでに刑事訴訟の心理学的研究はかなりあったが、法現実主義的な問題意識は、ほとんど見られなかった。判断者の理性によって一切がコントロールできるとの信仰のもとに樹立された法体系内の理論にとどまっていたと考えられる。

以下、この点を参照しつつ、わが国の刑事訴訟法に、法現実主義の問題意識がどのように影響を及ぼし、また生きているかを検討してみよう。本格的な考察は他日を期しているので、ここでは、ごく大雑把な問題の所在の素描にとどまることを予めお断わりしておかなければならない。

(一)　刑事訴訟の基本構造

近代刑訴の基本的構造としては、当事者主義と職権主義との二類型がある。ドイツでは当事者に対して訴訟主体としての地位を与えているが、なお裁判所の職権審理の幅はかなり広い。職権主義的訴訟構造である。これに対しわが現行刑事訴訟は、当事者に対して訴訟主体としての地位を能う限り与えており、裁判所の職権審理の幅はドイツに比べてはるかに狭い。当事者主義的訴訟構造といえる。

法現実主義的な思考方法に立つと、判断の主体は法律外の要素によって支配されるから、裁判官はできるだけ第三者的地位に立つことが望ましい。法現実主義は、当事者主義につながると考えられる。その意味で、わが刑事訴訟の基本構造は、その根底に懐疑主義の法哲学をもっているといえる。ドイツ刑事訴訟の基本構造が、依然としてアンチ懐疑主義に立っているのは、その国民性[*29]がそもそも専門家重視の傾向を持っている点に起因するばかりでなく、法現実主義に対するドイツ刑事法学界全体の冷淡さに起因するところ大であると考えられる。

(二) 公平な裁判

(一) に述べたような刑事訴訟の基本構造は、制度的に憲法三七条によって保障されている。憲法三七条は広範な刑事裁判の公正を担保したものだとする学説もあるが、たとえ狭義の裁判所の公平についての制度的保障とみても、なおそこに、法現実主義的な思考を充分に看取することができる。たとえば除斥・忌避・回避制度を見てみよう。不公平な裁判をするおそれのある一定の客観的事由があっても、ドイツ的な思考を徹底させるならば、裁判官の理性的判断に信頼するとして除斥しないことも可能な筈である。然るにかかる制度が設けられているのは、理性によるコントロールにも限界があることを認めているからに他ならない。しかし当該制度は近代訴訟手続発足と同時に備えられており、そもそもは、国家政策的見地から設けられたもの[*30]と考えられるから、実際の運用においては、法現実主義的見地からの配慮を充分に行なう必要がある。

(三) 起訴便宜主義

検察官は公訴を提起するに足りる犯罪の嫌疑があると認めた場合でも、なお、犯人の性格その他の理由を根拠として、訴追を提起しないことができる（刑訴二四八条）。判断の資料として法が掲げるものは、①犯人の性格のような危険性を示す要素　②情状のような責任に影響を及ぼす要素　③示談のような犯罪後の情況、の三種に大別されるが、その参酌の程度・方法等は全く検察官の自由裁量に任せられている。したがって、検察官はその権限の行使についてはきわめて慎重でなければならない。しかしいくら本人が慎重のつもりであっても、法現実主義者が指摘する問題性を、払拭することはできない。最近、実務の動向をふまえた上で、訴追に関する検察官の広範な自由裁量権に対し、司法的抑制を課そうとする学説の試みがなされているが[*31]、法現実主義的思考からして、きわめて傾聴に値する見解である。

（四）起訴状一本主義

起訴状一本主義は、もともとは法律問題と事実問題との判断者を区別するアドバーサリ・システムのもとで生まれたものであって、法現実主義の思考方式と直接の関係があるわけではない。しかし、起訴状一本主義のねらいとするところと法現実主義の問題意識との間には、相当程度に共通点がある。起訴状一本主義を支える理念は予断排除の原則であるが、これは審判者が公判以前に訴追者から影響を受けることを防ごうとするものである。このことは、裁判官が白紙の心境で審理に臨めば一応公正な判断が期待できることを前提としているが、法現実主義の問題意識はそのように注意してもなお無意識裡に個々の人格的要素に判断が影響されることを問題としている。したがって、法現実主義は予断排除の原則を超えてその上に立つ裁判の公正の担保の原則に対して問題提起を試みるものである。

（五）交互尋問制度

法三〇四条は、裁判官が先ず尋問し次いで当事者が尋問する方式を「原則」として規定している。しかし実際には、交互尋問方式が広く行なわれていることは周知の事実である。交互尋問制度の中核をなすものは、いうまでもなく反対尋問であり、それは真実発見の法技術として、英米法の所産中で最もすばらしいものの一つと評価されている。たしかに反対尋問には相手方の誤解を訂す効果がある。だがこの制度は相手方（供述者）の判断には誤解がつきものであることを前提とする。その意味で人間一般の判断に対する懐疑主義に根ざすものである。反対尋問制度がかなり以前から存在したということは、英米法の伝統の中に、そもそも懐疑主義があったからである。法現実主義はその一顕現にほかならない。

(六) 自由心証主義

法現実主義の発生によって、その内容を一層深化させたものに、自由心証主義がある。自由心証主義は、すでに十六世紀にイギリス法の中に生まれたものであるが、アメリカに伝わって一九二〇年代に至るまでは、その運用の実質は、法定証拠主義時代とほとんど変りないものであった。つまり、裁判官は、事実に対して所与の法規範を適用することによって、自働機械的に妥当な法的解決に到達しうると考えられていたからである。ところが法現実主義の批判によって、法規範以外の要素（社会的・経済的・人格的要素）によって動かされていることが明らかになった。今この点について疑いをさしはさむものはなく、部分的には実験によっても証明されつつある。わが刑訴法三一八条の自由心証主義もまたアメリカ法のそれと同様に、法現実主義によって底礎された法発見技術であることはいうまでもない。このことへの認識は自由心証主義にまつわる種々の問題の解決に有効であると考えられる。

(七) 共犯者の自白

共犯者もしくは共同被告人の自白に関しては、それを規制する直接の条文がないのでその証拠能力と証明力双方につき解釈論上の問題があるが、ここではとくに補強証拠の要否の問題をとり上げてみよう。

この問題に関しては、共犯者の自白が他人の断罪に用いられるときには証人の証言と同一視するのが判例の立場であるが、これは評価者と評価の対象との区別を知らない粗雑な分析である。両者を峻別した上でひとたび評価者に対して目を向け、法現実主義的な批判の目をもって見なおすとき、この判例の立場が、全く伝統的な法学の立場に立っていることを容易に発見するであろう。共犯者の自白といったような対象への評価が、如何に法律の外にある要素によって影響されるかは喋々を要しない。判例の立場は敢えてこの点から目を逸らせていると評するほかない。なお、共犯者の自白に対しては評価者は警戒の目をもってみるから心配ないとする学説もあるが、このような考え方も、法現実主義の主張に対して目を蔽うものである。

（八）有罪判決の証拠説明

有罪判決には証拠説明が必要とされる。但しその証拠説明は現行法では証拠標目の挙示で足りるとされている。法現実主義の立場によれば、判決理由（事実理由・法律理由・証拠理由の三つを含む）はあとからつけた理屈にすぎず、判決はそれ以前に法律外の諸要素によって決定されていると考えるから、有罪判決における証拠説明（証拠理由）もまた不要であるようにみえる。現行法の証拠標目挙示主義を支持する論者は、おそらく無意識のうちに法現実主義の主張に影響されていると考えられる。このことは論者が、しばしば、自由心証における直観的要素は証拠説明に本来親しまないといった説明をすることから窺われる。だが、法現実主義者がとくに攻撃したのは判決理由としての法規の適用や論理の操作であって証拠説明ではない。しかもわれわれが証拠説明として要求するのは、証拠について感じたことそのものであってそれ以外のものではない。それによって法現実主義者が正に決定的要素だとする法律外的要素に少しでも近づこうと志しているのである。[*32]

（九）上訴

英米法では上訴制度についてあまり熱心ではない。これは法現実主義的思考となんらかの関係はないであろうか。アメリカで実験主義法学が盛んであるということは、とりもなおさず、法現実主義の提起した問題意識（懐疑主義）が今なお生きていることを示す。そうとすれば、判決理由（三審構造のドイツで重視される）に冷淡であり、事実認定をくり返すことに執着しない風潮（第一審中心主義）もうなずける。そもそも英米法系統の裁判において、第一審中心主義であるのは、陪審裁判の伝統（陪審評決の神聖不可侵とその一回性）によるものであるが、法現実主義の立場（懐疑主義）からも一応の説明はつくようである（事前抑制が肝要）。

現行刑訴法の上訴制度は、旧刑訴に比べて大幅な変容をみたが、これはわが国の法学全体が、伝統的法学の立場から法現実主義の立場へと大きく変動をみたことと軌を一にする。わが刑事上訴制度はそのユニークさを世界に誇っているが、法現実主義的思考の見地から再検討をしてみる必要があろう。

四　結語

法現実主義の提起した二つの問題点は、法規範・事実双方への懐疑主義と判決の予測可能性の否定とであった。これらの問題点を克服すべく、その後かなりの学説の発展があった。[*33] ここでは、これらの動向を概観した上で、今後わが国の刑事裁判がどのような方向に進むべきかについて触れてみたいと思う。

法現実主義の欠陥を補なうべく生まれた方法論には、主として三つある。コーエン（F. Cohen）の機能的方法、オリファント（H. Oliphant）の行動主義的方法、ムーア（U. Moore）の制度的方法（institutional method）の三つがそれである。

コーエン[*34]は、ルウェリンと同様、司法行動の不統一性という点については、法現実主義者に必ずしも同調していない。フランクの主張する強度の懐疑主義に対しても、やや異なった見地から批判を展開する。すなわち、法的な概念・規範・制度などは、すべて裁判の見地から定められるべきで、そうでないものは機能的に意味がないという基本的立場に立って、経験的に検証不能な一切のドグマ（懐疑主義を含めて）から手を切るべきであると主張するのである。この意味では、伝統的法学における法的安定性の信仰も法現実主義における懐疑主義も、共に批判の俎上に載せられている。そして法に関するルールを機能的見地から検証するために、他のあらゆる科学の成果を充分に利用すべきであると結論する。但し、その目的は、法現実主義の指向する目的に近く、法的決定を導いた表面的なファクターでなく、むしろ表面に出ない隠れたファクターの検討を重視するのである。

オリファントは、行動科学的心理学の法学への導入を提唱する。[*35] 彼によれば、〈アングロサクソン的経験主義〉こそが、法学における混乱の元凶である。というのは、経験主義を唱えながら、彼らが依然として〈言葉〉（不安定な法概念）に頼っているからであるという。つまり問題は、〈言葉〉にあるのであって〈行動〉にあるのではないとする。したがって、科学的に探究可能な〈行動〉に依拠して判断を行なうならば、裁判の予測可能性の問題も解決でき、裁判の整一性や法的安定性についても希望が持てると説くのである。要するにオリファントの批判の対象は、学者や裁判官の法的概念の偏重の点である。その限りで、法現実主義の外に出るものではないが、行動の重視の点に新奇さが認められる。なお、ムーアのいう制度的方法[*36]とは、裁判における当事者の行動の平均からの各当事者の行動の偏差と、その裁判の結果との相関関係を探り、そこから判決を真に決定している要素を見いだそうとするものである。

これら三つのうち最も注目すべきは、行動主義であろう。事実、行動主義的法学は、法現実主義の衰退の後を受けて長足の進歩を遂げている。その理由は三つの方向に考えられる。[*37] 一つは、すでに法現実主義者の努力によって懐疑主義的な思考方法がかなり滲透していたという点であり、もう一つは同じ社会科学系統の中の政治学において、行動科学が相当に発達していたという点であり、さらに第三は、法現実主義の首唱者たちが〈法曹〉であって科学的研究に無関心であったのに対し、行動主義の提唱者たちが〈科学者〉であって実験的アプローチに秀でていたという点である。

一九二〇年から三〇年代にかけて、法現実主義いまだ華やかなりし頃、すでに行動主義的な批判は出ていた。

法現実主義は"too scientific"だとするものと、"not scientific enough"だとするものとの両者があった。[*38] これら二つは一見相反する方向のものにみえるが、実は一つのものである。すなわち、法現実主義者たちは余りにもscience に頼りすぎて、却って非科学的になっていたからである。具体的にいえば、予測のみにとらわれすぎて、規範体系の価値を忘れ去っていたからである。

ごく最近行動主義派の暁将シューバートも、法現実主義者が仮説を立てただけで、それを立証する理論も、検証する方式も持ち合わせていなかった点を皮肉って、「ローマが焼け落ちる間、バイオリンを弾き続けた怠惰な理論家にすぎない」と評している。[*39] だがこのように批判する行動主義者も、基本的には、懐疑主義に立っている事実を見逃がしてはならない。

かつて一世を風靡した法現実主義が凋落した理由[*40]はなんであろうか。これには複雑な要因がからんでいるが、最も大きな原因はアメリカにおける裁判そのものの変質であろう。一九三〇年以来、裁判は急速に時代思潮を鋭く反映するものへと自ら変質していった。したがって、固定した判例法主義の落し子たる法現実主義も急速にその意義を縮小していったのである。以上に次ぐ原因は、ルウェリン、フランク両巨頭亡きあとの法現実主義者の後継者たちが、その行くべき道を踏みあやまった点にあろう。先覚の思想は単に否定的だったのではなく、時代を超えた価値を持っていたのである。にもかかわらず、後継者たちはその価値を検証する努力を忘れ去った。

このようにして、法現実主義はいわゆる実験主義法学にとって代わられることとなったのである。

すでに前章に触れたごとく、わが現行刑訴法は、かなりの程度に法現実主義の成果を採り入れていると考えられる。そして一部には誤った採り入れ方をしていると考えられるものもないではない。この点は、法現実主義の真義をふまえて、是正にふみきる必要があろう。但しわたくしは、理論の優劣について、すべて実験主義による検証の裏付けがなければ、決定しえないとは考えていない。[*41] 経験科学の有用性を否定するつもりは毛頭ないが、刑訴法上のすべての法原則が実証されることは、おそらく不可能であろう。その理由は、人間は物ではないから、と今は答えておくほかはない。それはともかく、現実に裁判は行なわれ経験科学による結果の出ることを待ってはいない。裁判が言葉と論理とで行なわれる限り、裁判の合理化もまた言葉と論理のレベルで行なうほかはあるまい[*42]。それを棄てることは裁判を捨てることである。

わが国において、刑事裁判への経験科学の導入について先鞭をつけたその人は、おそらく植松正博士であろう。刑法理論学とリアリズムとの止揚を試みた最初の人もまた植松正博士であろう。博士の退官を記念してリーガルリアリズムに因んだ本稿を捧げる所以である。

以上

＊1　すぐれた論文集として川島武宜編『経験法学の研究』昭和四一年、有益なリーディングスとしてB・J・ジョージ・平野竜一・田宮裕編『経験法学入門』昭和四一年、ほかに碧海純一編『現代法学の方法』昭和四一年一八一頁以下、鵜飼信成『現代アメリカ法学』昭和三九年

＊2　中元紘一郎・野村好広「裁判におけることば構成」前掲『経験法学の研究』所収は、判決理由を経験法学の立場から検討したすぐれた論策である。

＊3　自由心証主義と法現実主義との関係については、拙稿「自由心証の抑制について」中京法学掲載中の続稿において展開する予定である。

＊4　なお参照中村宗雄「『裁判過程』(Judicial process) に関する比較法学的研究」昭和三三年

＊5　J. C. Hutcheson, Jr. は、むしろ'The Judgment Intuitive : The Function of the "Hunch" in Judicial Decision, 14 Cornell L. Qut. 274 (1929), でわが国に知られている。

＊6　D. J. Danelski イェール大学の政治学准教授、早川武夫著『英米法サロン』昭和四二年二三三頁以下に、ダネルスキー教授のプロフィルが紹介されている。

＊7　W. E. Rumble, Jr., American Legal Realism, 1968, P.46

＊8　伊藤正己『アメリカ法入門』昭和三六年一七二頁以下、Rumble, op. cit., P.49 f.

＊9　ことにデューイの決定的影響について　Rumble, op. cit., P. 7f.
＊10　H. J. Berman, Philosophical Aspects of American Law, Talks on American Law, 1960, P. 222 f. 石川・伊藤・平野・矢沢共訳『アメリカ法のはなし』昭和四三年二四二頁以下
＊11　Rumble, op. cit., P. 39
＊12　Rumble, op. cit., P. 39 f.; Frank, Mr. Justice Holmes and Non-Euclidian Legal Thinking, op. cit., P.568 f.
＊13　カドーゾの人と思想については、守屋善輝訳Ｂ・Ｎ・カドーゾ著『司法過程の性質』昭和四一年、とくにパウンドの思想との対比については Rumble, op. cit., P. 83 f.
＊14　伊藤・前掲書一八一頁
＊15　Rumble,op. cit., P. 9f. パウンドの学説の紹介と批評については、細野武男訳『社会学的法学』（但し原著は Roscoe Pound, New Paths of the Law, 1950; Justice according to Law, 1951 の二つである）昭和三二年、Ｒ・パウンド著・末延三次訳『法の任務』昭和二九年、伊藤・前掲書一八二頁
＊16　細野・前掲書二四八頁は「思想的にはパウンドの後を受け」たとする。思想的系譜についての研究者の理解は区々であり、わたくしのような門外漢にとっては甚だわかりにくい。ここでは Rumble の理解にしたがう。
＊17　Rumble, op. cit., P. 9 f.
＊18　Rumble, op. cit., P. 44
＊19　Rumble, op. cit., P. 44
＊20　Rumble, op. cit., P. 48 f.
＊21　Rumble, op. cit., P. 105 f.
＊22　Rumble, op. cit., P. 235 f.,　伊藤・前掲書一八三頁以下
＊23　Rumble, op. cit., P. 189
＊24　Rumble, op. cit., P. 207、これはとくにルウェリン（Llewellyn）の強調するところである。なお参照、中元・野村・前掲論文
＊25　Rumble, op. cit., P. 239 f.
＊26　この理論についてのすぐれた研究として、及川伸『実験主義法学』昭和四一年
＊27　シカゴ大学ロースクールにおけるジュリープロジェクト（Jury Project、陪審制度研究計画）を指す。参照、判例タイム

ズ二二六号所載の三宅弘人「米国の刑事陪審の実態」

＊28　Wilfried Küper Die Richteridee der Strafprozessordnung und ihre geschichtlichen Grundlagen, 1967, S. 13 f.（紹介・拙稿判例タイムズ二二一号）

＊29　訴訟手続と国民性との関連については、青柳文雄『犯罪とわが国民性』昭和四四年一七二頁以下

＊30　判例の態度がそうである。参照、平場安治「公平な裁判」刑訴基本問題46講昭和四〇年七三頁

＊31　田宮裕「訴追裁量のコントロール」立教法学一一号

＊32　フランクによれば、判決理由はいかにして判決に到達したかについての心理学的レポートでなければならないという（Rumble, op. cit., P. 207）。このフランクの見解に対しては、裁判官は心理学者でも精神分析学者でもないとの反論がある（Rumble, op. cit., P. 211 f.）。

＊33　詳細につき及川・前掲書六三頁以下

＊34　Rumble, op. cit., P. 154 f.

＊35　Rumble, op. cit., P. 159 f.

＊36　Rumble, op. cit., P. 161 f.

＊37　Rumble, op. cit., P. 178 f.

＊38　Rumble, op. cit., P. 167

＊39　Rumble, op. cit., P. 175

＊40　Rumble, op. cit., P. 238 f.

＊41　法現実主義者は、問題に対する完全かつ不断の自覚――思考方法・手続両者についての――こそが、判決過程を真実に近づけるとする（Rumble, op. cit., P. 193）。

＊42　とにかく問題の所在の自覚が裁判の合理性の確保に奉仕する究極の手段であるとする（Rumble, op. cit., P. 226）。なお参照、R. A. Wasserstrom, The Judicial Decision ―― Toward a Theory of Legal Justification, 1961, P. 172 f.

（一橋論叢六二巻四号植松正先生退官記念〈一九六九年〉所収）

◆事実認定における予断偏見

（田中嘉之 著）

一　序説

イギリスのトワイニングは、英米の証拠法学者には「合理主義者の伝統」（Rationalist Tradition）があると指摘している。その思想は、次のとおり要約することができる。[*1]

〈出来事や事態は、人の観察から独立して生起し存在する。過去の事実を現在認識することは、原理的に可能である。手続法の直接の目的は、有効な実体法を適用し争点たる過去の事実を正確に確定（特定の確率ないし蓋然性の基準を満たすまで証明）することにより、公正な決定を下すことである。証明は、有能かつ公平と一般に信じられている決定者が、証拠を注意深く合理的に評価することにより可能である。一般的にいって、この目的は、一貫し公平かつ予測可能なやり方で達成されている。〉

私も、弁護士になってから長い間このように考えていた。今でもこのように考え、誤判は当の裁判官個人の能力の問題で例外的な事象に過ぎない、と思っている法律家が少なくないのではなかろうか。

しかし、私は、弁護士経験を積み重ねるうちに、私が重要と考えた証拠につき、まったく判断していないか、私とまったく正反対の評価をした結果、敗訴とした判決をいくつも受け、[*2]右のような見解に疑問を感じるようになった。そういう時に、ケッサーが、〈自然科学を含めどの分野の学問においても、認識は主体の行う認識であるから主観的制約から自由ではありえない。どの裁判官も同僚と異なる経験を持っている。そして、まさにこの経験のフィルター、この『内的世界像』がはたらいて《人は、それぞれ異なる事実を見る》ということが起きる。

認識の主観性は、願望・期待・心配・偏りが認識すべき事実の中に投影される原因になる。完全な予断からの自由がえられるものでないことは、確かである。〉旨説いている著書[*3]に出会った。

私は、わが意を得たりと思った。しかし、ケッサーは、さらに踏み込んだ論証をしていないので、ドグマのレベルにとどまっている。

そこで、私は、本稿において、法律家の発言だけでなく、歴史や自然科学の研究者の発言を引用しつつ、どのようにして予断偏見が判断を誤らせるのか、事実認定において予断偏見を排除することがどこまで可能か、そのためなし得ることは何か、を考えてみようと思う。

二　予断偏見にとらわれた判断

一　法律家の発言

元最高裁判事の谷口は、「裁判官が批判者たる地位を忘れ、検察官の主張に追随し、被告人側の言に耳を傾けないことに誤判が結果する。誤判の原因としてあげられる裁判官の予断と偏見、謙虚さを失った裁判官の過剰なまでの自信も、つきつめて考えれば、この批判的姿勢の缺如に由来する。」と述べている。[*4]また、元裁判官の伊藤は、「裁判官も人間である以上、いかに努力しても、その過去から現在までを含む全生活（生立ち、生活経験、人間関係、職業・研究上の経験、現在の立場など人間としての制約のすべてを含む）から来る物の見方、判断の枠組みの制約、自己が無意識のうちに有する価値観、自分の意識していない好悪の感情・偏見といったものから完全に逃れるということは不可能である。」といっている。[*5]他にも、「予断」または「偏見」ということばは使っていないが、同旨の発言がいくつか見られる。[*6]

イギリスのデブリンは、「警察は、いったん被疑者を犯人と断定してしまうと、有罪の立証と矛盾する証拠はすべて間違いとして扱う傾向がある。こういう傾向が今世紀における最も悪名高い誤判事件を生む基となった。」と指摘している。[*7]

そして、テネシー大学教授の職にあったとき、自ら陪審員の経験をし、その後イギリスのエセックス大学教授となったゴバートは、〈裁判官には一種独特の偏見――いわゆる「事件慣れ」から来る偏見がある。それは、初め無罪の中立をしたにもかかわらず有罪が判明した被告人を見過ぎてきたことの産物である。裁判官は、そういう逆転劇にうんざりし、真に犯罪に関わっていない被告人が否認しても、それを信用しない方向に偏るのである。警察官の証言については、その逆の現象が起こり得る。〉旨述べている。[*8]

予断偏見にとらわれた判断は、訴訟固有のものではない。歴史と自然科学から事例を拾ってみる。

二　歴史

◇　一九四〇年一〇月ころ、ヒットラーは、すでに対ソビエト奇襲攻撃計画を着々と進めていた。ゾルゲは、ドイツの対ソビエト攻撃開始を知らせる情報を日本から次々打電し、一九四一年六月一五日という開戦日の特定まで行った。

二二日未明、国境地帯に集結していたドイツ軍からの宣戦布告なしの攻撃によって、ソビエトは大敗を喫した。ゾルゲの情報は生かされないままであった。

スターリンは、ヒットラーが戦略を立てるときには、自分と同じ考えをすると思い込んでいた。自らがドイツを敵とするときもっとも恐れることは、もう一方の極東で日本との戦闘が同時に始まることであった。そうした考えから、ヒットラーも、ドイツがイギリスとの闘いに決定的な成果をおさめるまで、ソビエトとの闘いに手を出そうとするはずがないと考えていたのである。[*9]

◇予断偏見を抱いている者には、何も証拠がないことが逆に完全犯罪の十分な証拠と映ることさえある。
一九八三年九月一日、大韓航空〇〇七便撃墜事件が起こった。大韓航空機の航路逸脱原因については、西側諸国では〈乗員ミス説〉が有力であったが、ソ連は当初より〈スパイ飛行説〉一辺倒であった。一九九二年一〇月一四日、エリツィン大統領によりブラック・ボックスとその解読資料等が米韓両国政府等に引き渡された。その中に、ソ連国防省等による極秘報告書が含まれていた。この報告書は、大韓航空機の乗員が地上管制室に国際航路上に設定されたウェイ・ポイントの予定通過時刻・実際の通過時刻・風向・風速・燃料残量等を定期的に報告していたことを「事前のアリバイ工作」、また音声記録装置の最後の三〇分間のデータはソ連領空侵犯の理由を何ら明らかにしていないのに、「韓国機が事前に計画されたルートを意図的に飛行したこと、また全飛行を通じて自己の実際の位置を承知していたことは、十分な根拠をもって断言しうる。」とスパイ飛行を断定している。[*10]

三　自然科学

われわれ法律家の多くは、自然科学に疎く、〈科学者は、偏見に毒されていない客観性を有する模範的な人種で、すべての可能性に等しく心を開き、証拠の重みと論理的な議論によってのみ結論を下す〉と思っている。しかし、アメリカの古生物学者で優れた科学エッセイを数多く著し、わが国でも多くのファンを持っているグールドは、これは「古くさい神話」であるとし、こう主張する根拠の一つとして、次の事例を挙げている。

一九〇九年、C・Dウォルコット（当時のアメリカ古生物学界の権威で、ナショナル科学アカデミー総裁等多くの要職をつとめ、科学行政官として極めて多忙であった）は、カナディアン・ロッキーの高地の岩石の中から、奇妙な化石動物群を発見した。ウォルコットは、これはある種の蠕虫類、これは節足動物、これはクラゲというぐあいに、すべてを現生するグループに押し込めて分類した。

ウォルコットのこの解釈は、その後半世紀以上、そのまま修正されずにきた。ところが、ここ二〇年ほどの間に、H・ウィッティントンらの手によって、幅広い的確な再発掘と再研究が行われ、ウォルコットの解釈は完全にひっくり返され、化石動物群は、既存の分類体系のどこにも納まらない奇妙奇天烈、妙ちくりんな動物たちを多く含んでいることが判明した。

グールドは、ウォルコットの誤解の理由として、第一に、彼には多忙過ぎて化石と対話する十分な時間がなかったこと、第二に、彼の堅固な先入観を挙げ、誰もがみなそれぞれ制約された思考の枠組の中で生きている旨述べている。[*11]

三　予断偏見が判断を誤らせる原因

一　法律家の説明

アメリカで「世紀の裁判」と呼ばれたO・Jシンプソン事件の弁護団の一員であったダーショウィッツ〈ハーバード大学教授〉は、「白人・黒人・ヒスパニック・アジア人・ユダヤ人・男性・女性・同性愛者・異性愛者、すべての人が自己の経験のプリズムを通じ世界を見る。……（中略）……陪審員は各々、研究者たちが解釈の偏り(interpretive bias)と呼ぶものを評議に持ち込む。」と述べている。そして、ロドニー・キング事件をこの解釈的影響(interpretative effect)の一事例として挙げ、「ロドニー・キングを殴打しているところをビデオテープに撮られた警官を無罪放免したシミ・ヴァレーの一二人の陪審員たちは、正直にビデオテープを見たが、後に同じ証拠に基づき実質的に同じ犯罪につき有罪評決をしたロスアンゼルスの一二人の陪審員たちとは別の見方をした、と私は信じてもよい。」と述べている。[*13] ダーショウィッツは、〈どの陪審員も、自分の人生経験により、事件につき受け取った情報を、自分にとり一番もっともらしい事件の説明にまとめ上げ、そのストーリーに一番ピッタリする評決を採用する。同じ証拠を見ているにもかかわらず陪審員により解釈が異なるのは、まとめ上げるストーリーが違うからである。〉とする最近の法心理学の研究成果を援用し、右の主張の裏付けとしている。[*14]

予断偏見は、どの程度証拠の評価に影響を及ぼすか。

ダーショウィッツは、〈陪審員は、えこひいきをし強力な証拠を無視してまで自分と同じ人種に味方し投票するわけではなく、証拠が強くも弱くもなく決定的でないとき、彼らの人生経験が証拠の見方を条件づけ、その見方が評決に影響を及ぼす。〉旨主張し、[*15] ゴバートも、〈陪審員が当事者や証人に対して持つ一体感（sense of identification）が、はっきりしない証拠の解釈に影響を与えることがあり、微妙な事件で彼らに有利な判断に結びつく。信用性の判断も、同様に陪審員が証人に対しどの程度一体感を持っているかによって影響されやすい。証拠が複数解釈できるときは、陪審員の価値感が解釈に現れ、陪審員の基本的価値観と衝突する証拠は重視されなかったり、まったく信用されないことがあり得る。〉旨述べている。[*16]

二　科学哲学者の説明

ハンソンは、〈われわれの認識は、データの蓄積とともに自動的に生まれてくるものではない。そこに働く主体の側の「解釈系」とでもいうべきものが、同じデータを前にしても、異なった認識結果を生み出し、それゆえまた、異なった知識体系や理論体系を作り上げる。〉旨説いている。[*17]

三　心理学的説明

シューネマンは、「裁判官はいったん下した予断（Vor-Entsheidung）に異常に固執する。裁判官がいったん受容した見解を変えさせることは、著しく困難である。これは、経験によって非常によく証明された現象で、『認知的不協和説』[*18]により、よく説明される。予断後に判明した事実が予断に原則的に協和するときは系統的に過大評価されるが、それと協和しない事実は過少評価される、という法則性がある。」と述べている。[*19]

四　脳神経科学者の説明

クリックとコッホが唱えている「注意のサーチライト説」は、〈脳の視床の中に、意識のレベルを調整しているであろうといわれる視床網様核がある。ここがフィルターのような役をはたして、注意を向けるある情報だけ通して、残りの情報は抑制してしまう。〉旨説く。[*20]

四　予断偏見排除の可能性と方策

元最高裁判事の斉藤は、「自由心証の本質は、当該証拠が現に備えている証明力を、それ以上にも、それ以下にも、評価しないで、そのあるがままの証明力の支配に忠実に服従すること、以外にはない。」と述べた。[*21]当為としては、法律家の誰もこれに異論を唱えないだろう。

しかし、これまで見てきたように、現実としては、どの分野においても人は予断偏見から免れないが故に判断を誤ることがあることを認めざるを得ない。そこで、以下、予断偏見を排除することがどこまで可能か、そのためなし得ることは何か、諸家の発言を聞いてみよう。

古生物学者のグールドは、〈自己点検〉の必要性を挙げ、〈もしあなたが、自然の事実をありのままに見ているのだと本当に信じているのなら、あなたは、あなた自身の精神、あなたの支配的な教養の中で事実をゆがめていることに、決して気づくことはない。もしあなた方が注意深く自分を点検しないならば、そしてあなた方が世界をただ客観的に叙述していると本当に思っているのなら、あなた方は自分をあざむいている。〉と述べ、[*22]歴史哲学者のドレイは、〈別の可能性に対し虚心坦懐であること、すすんで批判を真剣に考慮すること、几帳面にかつ労を惜しまず論証を提示すること、裏付け証拠を挙げることのできる場合にしか結論を導かないことが必要〉と説いている。[*23]

次に、法律家の発言を聞いてみる。

今中は、「余り早く苦しみから逃れたいと思わず、なお、慎重に構えて、相手の主張立証を聞き、弁論終結の時まで即断を慎むということが大事」と述べ[*24]、賀集は、「裁判官の仕事というのは、予断、先入観との闘いです。そのためにはいつでも軌道修正できるという心構え、これをしていなければならない。」と説き[*25]、ほとんどが〈裁判官の自立的な努力、工夫に任されている。〉と述べている[*26]。これらは、キャリアシステムの下で職業裁判官が事実認定を行うことになっている現行訴訟手続を前提とする発言である。

この制度の下で、裁判官の個人的な努力と工夫により、どこまで予断偏見の排除が可能か。

裁判官の小林は、「予断や偏見をもたずに、公平な立場から誠実且つ虚心にこれに臨まなければならないのは当然である。……（中略）……現在の我国の各裁判所・裁判官は、十分に自戒し厳格に身を律して努めている筈であり、大方の信頼をいただいているのではないかと思う。」と楽観的な考えを述べているが[*27]、伊藤は、「恐らくは、そうした裁判官の一般的努力のみでは、今述べたような意味での不合理な物の見方や感覚からの影響を少なくすることはできても、それからの影響を無くすることはできないと思われ、その点について、何らかの専門的研究がされる必要があると考える。」と述べている[*28]。ウイッシュマンは、「偏見をもつほとんどの人は、しばしば自分の偏見に気がつかず、また偏見を払いのけることもできない。」といっている[*29]し、ゴバートも、普通の裁判官の方が普通の陪審員よりも予断偏見を抱いていることの自己認識能力が優れていると考えるべき根拠は乏しい旨述べている[*30]。私も、裁判官個人の努力と工夫に期待することには、限界があると考える。

自然科学にしろ歴史にしろ、科学は、研究者の立てた仮説が学会等科学者集団内でテスト・批判され、科学者集団内における理性的合意を志向するものであり、制度として確立している[*31]。したがって、予断偏見排除のためには、右のグールドやドレイのいうような方策しかあり得ないかも知れない。しかし、法曹養成制度や訴訟手続は、法律改正等により変えることができる。

ドイツの法律家の発言の中には、参考に値する提言が見られる。誤判の研究でわが国でも名を知られているペーテルスは、犯罪捜査学・心理学そして社会学のような基礎的補助科学の修得時間が法曹養成課程において短か過ぎる旨述べ、[*32]検察官・裁判官・弁護士として刑事裁判実務に携わり、また連邦議会で立法にも携わった経験を有するホェヒェルルは、〈厳格な規則に拘束された直接的口頭弁論という短編映画を見せられた後に、裁判官は自由に証拠評価をするという困難な役割を果たさなければならないが、わが国では年若い大学卒業者に対し、本質的には論理的・法律学的訓練を受けさせるだけで裁判官に任命している。今後は、供述心理学や刑事学を必修科目とするとともに、法曹一元を検討すべきである。〉旨提言している。[*33]

最後に、陪審制を採用しているイギリスとアメリカで、予断偏見排除の問題につき、どのように考えられているか、見てみよう。

等しく陪審制といっても、イギリスとアメリカでは、陪審選定手続等の点で相当異なる。[*34]アメリカのカッツは、〈陪審の構成は、検察官にとっても弁護人にとっても、きわめて重要である。おそらく、証拠より重要である。検察官も弁護人も、自分側に有利に偏っていると思われる陪審員を選定しようとする。〉旨述べており、[*35]〈イギリスでは陪審員が決まって裁判が始まるが、アメリカでは陪審員が決まった段階で裁判は終了したも同然である〉とまで極論される程である。[*36]

しかし、英米両国の陪審裁判を比較研究したゴバートは、〈裁判官の方が知性と経験の面で優れていることは認めるとしても、事実認定者としては陪審の方が優れていると考えざるを得ない理由がある。その理由を簡単にいえば、一二の頭脳の方が一つの頭脳より優れているということである。信用性の評価は、普通の法学教育課程で教えられる技術ではない。証人が証言する出来事は、ある状況の中で起こる。そういう状況中で、そういう出来事が起こり得たか否かということを背景に評価されなければならない。決定者が同様の状況中に置かれたことがあるとか、同様の状況中に置かれたことのある他人の経験を知っていて初めて、証人の語る状況の中で証言どおりの出来事が本当に起こったか否かの比較検討が可能になる。十人十色の陪審員の経験が寄り集まるときは、単独の裁判官の経験よりも多様になる。〉旨結論している。[*37] カルフォルニア州最高裁は、〈全体に不偏性を行きわたらせる最も実際的なやり方は、いろいろなグループから陪審員を選出して陪審を構成し、それぞれの偏見を敵対し合わせれば互いに打ち消しあって偏見が帳消しされる。〉との「帳消し効果」（cancellation effect）説を判示したことがある。[*38]

近時わが国では、法曹一元・陪審制復活・参審制の採用の可否をめぐる議論が次第に活発化しており、そのための調査研究も相当なされている。[*39] これらの問題についての私の考えは、未だ固まっていない。本稿は、諸家の発言を羅列したものに過ぎないとの誹りを免れないかも知れないが、本稿がこれらの問題の議論の基礎となり得れば幸いである。

＊1　Cf. W. Twining "The Rationalist Tradition of Evidence Scholarship": in E. Campbell et al.（ed.）,Well and Truly Tried: Essays on Evidence in Honour of Sir R. Eggleston, Sydney: The Law Book（1982）, pp.242-249. この論文は、W. Twining, Rethinking Evidence: Exploratory Essays, Evanston, Ilinois: Northwestern U. P.（1994）にも収録されている。「合理主義者の伝統」が実証主義の認識論の影響を強く受けたものであることについては、D・ニコルソン〈稲田隆司訳〉「素人による裁判と英米法における事実認定の諸理論」鯰越溢弘編『陪審制度を巡る諸問題』（現代人文社、一九九七年）一九五頁以下参照。実証主義の認識論については、富永健一『現代の社会科学者』（講談社学術文庫、一九九三年）九六頁以下参照。ニコルソンは、「合理主義者の伝統」は、〈英米的法システムよりも大陸型の糾問主義システムにより良く適合する。このことの最も重要な理由は、おそらく公平な捜査官が事実を厳しく追求する過程は、利害関係を有しない裁判官が、黒を白に白を黒に見せようと必死になっている対立当事者たちの主張のいずれかを選ばなければならないシステムと比較した場合、はるかに「真実」の発見に偏る傾向が強いことにあるのだろう。〉と指摘している（二一七頁）。

＊2　最も意外であった判決は、東京地判昭和六三年一一月二六日判時一三二五号九〇頁である。この事件は、保険金請求事

件で、私のほか吉田裕敏・山浦善樹の二弁護士が原告訴訟代理人となって提起した。自動車が林道から転落し運転者が死亡したところ、それが自殺か事故か、が争点であった。被告（保険会社）は、免責事由として警察の〈自殺説〉を主張し、原告は、自動車事故鑑定人として豊富な実績のあった江守一郎教授（当時、成蹊大学）に私的に鑑定を依頼し、その鑑定結果に依拠して〈事故説〉を主張立証した。地裁は、江守教授の証人尋問・現場検証・〈自殺〉の死亡診断書を書いた警察医および所轄署刑事課長ほか一名の警察官の証人尋問を終えた後、和解勧告もせず、かつ原告申請の家族や友人の尋問を一人も採用しないまま結審した。

われわれ三名は、いずれも当時弁護士経験一五年から二〇年で、それぞれ個性に違いがあったけれども、一致して、反対尋問により警察の〈自殺説〉を十分崩し得、江守鑑定書と証言により〈事故説〉を十分証明できたと思っていたし、右のような審理経過からして、勝訴を信じていた。

しかし、判決は、まったく意外にも請求棄却であった。直ちに控訴したところ、高裁は約一年かけて地裁が採用しなかった家族や友人の尋問をした。そして、裁判長から「当裁判所は、原判決の事実認定はおかしいと思う。」との発言があり、和解勧告がなされ、和解が成立し終結に至った。われわれは、地裁判決には〈警察の判断に間違いがあるはずがない〉との予断偏見があったか、または江守鑑定が私的鑑定であったことから変な勘ぐりをしたのではないか、と考えた。

この事件については、江守一郎『交通裁判のミステリー』（中公文庫、一九八八年）一三八頁以下に詳しく書かれており、和解勧告をした当の裁判長であった田尾桃二が司法研修所における講演「事実認定の諸問題について」司研論集九二号四四、四五頁で、高裁が地裁判決の事実認定に疑問を持った理由を述べているので、参照されたい。

＊3　Vgl. W. Käßer, Wahrheitsfindung im Strafprozeß, Berlin: J. Schweizer (1974) SS.17-22. ケッサーのこの著書は、庭山英雄＝田中嘉之「W・ケッサー著『刑事訴訟における真実探求――事実認定の方法』」判タ三四〇号（一九七七年）が紹介した。

＊4　谷口正孝『裁判について考える』（勁草書房、一九九〇年）一〇〇頁。谷口は、「予断」として、具体的に「証人が他人に知られない密室で捜査官に語ったことこそが真実である」と裁判官が信じていることを挙げている（一〇一頁）。

＊5　伊藤滋夫『事実認定の基礎』（有斐閣、一九九六年）二七六頁。同「裁判官による事実認定の構造」自正一九九六年七月号六〇頁以下。

＊6　賀集唱「民事誤判の原因――近頃裁判事情管見」日弁連研修叢書『現代法律実務の諸問題（平成九年度版）』二二一、二三一、二三二頁、および横川敏雄『ジャスティス』（日本評論社、一九八〇年）一二、一三頁等。

＊7　Cf. P. Devlin, The Judge, Oxford: Oxford U. P. (1979) p.73.

＊8　Cf. J. Gobert, Justice, Democracy and the Jury, Dartmouth: Ashgate（1997）p.75.

＊9　NHK取材班ほか『国際スパイゾルゲの真実』（角川書店、一九九二年）一四三頁以下、尾崎秀樹『ゾルゲ事件』（中公新書、一九六三年）一一三頁以下、および秦郁彦『昭和史の謎を追う〔上〕』（文藝春秋、一九九三年）第一二章参照。

＊10　イレーシユ＝シャリネフ〈川合渙一訳〉『ブラック・ボックスの謎』（文藝春秋、一九九二年）二四一頁以下参照。
　なお、この事件については、わが国でも、長年にわたり自衛隊や公安調査庁でソ連情報収集の経歴を持つ田中賀朗が『大韓航空〇〇七便事件の真相』（三一書房、一九九七年）を著し、〈スパイ飛行説〉を展開している。本稿脱稿後、小山巌『ボイスレコーダー撃墜の証言』（講談社、一九九八年）が出、ロシア政府から引き渡されたブラック・ボックスの解析を行ったＩＣＡＯ（国際民間航空機関）調査団の公式最終報告書は、もし大韓航空機がスパイ飛行をしていたとすれば、当然コックピット内の乗員の緊張感に満ちた会話がボイスレコーダーに録音されているはずなのに、あくびや雑談等が録音されリラックスした雰囲気であったところ、ソ連迎撃機が発射したミサイル命中音の後パニックに陥った状況が録音されていることから、乗員は大幅な航路逸脱にまったく気づいていなかったものと認められ、〈乗員ミス説〉を採用していることを紹介している。

＊11　Ｓ・Ｊグールド〈渡辺政隆訳〉『ワンダフル・ライフ』（早川書房、一九九三年）三六六頁以下参照。黒田洋一郎『ボケの原因を探る』（岩波新書、一九九二年）一〇一頁は、「どの分野でもそうであるが、いわゆる専門家は、専門家であるがゆえに、それまでの『当たり前の常識』にこだわり、新しい事実や説を頭から否定することはよく起こることである。」と述べている。

＊12　ロサンゼルスにおいて、一九九一年三月一日、四人の警察官がロドニー・キング（黒人）を警棒でひどく殴りつけるなど過剰な暴行を加えたとして、起訴された。現場近くの住民が、偶然その状況をビデオ撮影していた。公判は、翌九二年四月から郊外のシミ・ヴァレーの裁判所で開かれたが、陪審の中に黒人は一人も入っていなかった。陪審は、同月二九日、全員無罪の評決をした。これに怒った黒人がロサンゼルスで大規模な暴動を起こし、多大な人的・財産的損害が発生した。その後九三年二月三日、検察官は、ロサンゼルスの裁判所に右四人の警察官をロドニー・キングの憲法上の諸権利を故意に侵害したとして起訴した。この裁判の陪審は、多様な人種から選定された。同年四月四日、陪審は四人の警察官のうち二名は有罪、他の二名は無罪の評決をした。ロドニー・キング事件の詳細については、Cf. E. W. Knappman（ed.）, Great American Trials, Detroit: Gale Reserch（1993）pp.824 et seq.

＊13　Cf. A. M. Dershowitz, Reasonable Doubt: The Criminal Justice System and the O. J. Simpson Case, New York: Simon & Shuster（1997）p.111.

*14 Cf. Dershowitz, op. cit., p.113.「ストーリー・モデル」については、Cf. G. M. Stephenson, The Psychology of Criminal Justice,Oxford: Blackwell（1992）pp.190 et seq.

　O・Jシンプソン事件については、わが国でも、四宮啓弁護士の『O・Jシンプソンはなぜ無罪になったか』（現代人文社、一九九七年）ほか四冊の著書・訳書が出ているが、法律家には四宮弁護士の著書が最も参考になる。

*15 Cf. Dershowitz, op. cit., p.113.

*16 Cf. Gobert, op. cit., pp.168, 169. 西野喜一『裁判の過程』（判例タイムズ社、一九九五年）一一六、一一七頁参照。

*17 N・Rハンソン〈村上陽一郎訳〉『科学理論はいかにして生まれるか』（講談社、一九七一年）第一章「観察」および同〈野家啓一＝渡辺博訳〉『知覚と発見［上］』（紀伊國屋書店、一九八二年）第二部「科学的に見るという行為」参照。

　ハンソンのこの所論は、認識の「理論負荷性」（theory-ladenness）または「理論依存性」（theory-dependence）を述べたもので、実証主義の認識論と真っ向から対立するものであるが、クーンら多くの科学哲学者の支持を得るに至っている。T・クーン〈中山茂訳〉『科学革命の構造』（みすず書房、一九七一年）、H・Iブラウン〈野家啓一＝伊藤善樹訳〉『科学論序説』（培風館、一九八五年）、都城秋穂『科学革命とは何か』（岩波書店、一九九八年）等参照。

　S・Jグールド〈浦本昌紀＝寺田鴻訳〉『ダーウィン以来［下］』（早川書房、一九八六年）四一、四二頁は、「事実が『みずからを語る』ことはない。それは理論の光のもとで解読される。」といっている。

　法律家の中で、この認識論を受容している者として私が知る限り、ケッサー、シューネマンのほか、J. D. Jackson, "Two Methods of Proof in Criminal Procedure", Modern Law Review（1988）がある。

*18 「認知的不協和」（kognitive Dissonanz）説については、中島義明ほか編『心理学辞典』（有斐閣、一九九九年）六六七頁、外林大作ほか編『誠信　心理学辞典』（誠信書房、一九九二年）三五四頁、宮城音弥編『岩波小辞典　心理学』（岩波書店、第三版、一九七三年）一六九頁等参照。

*19 Vgl. B. Schüneman, "Kognition, Einstellung und Vorurteil bei der Rechtsfindung": in ARCHIV FÜR RECHTS-UND SOZIALPHILOSOPHIE BEIHEFT Nr. 22, S. 81.

*20 J・Zヤング〈河内十郎＝東条正雄訳〉『哲学と脳』（紀伊國屋書店、一九九二年）一四四、一四五頁も同旨。他に、リースナーの「注意のレーダー説」がある。NHKサイエンス・スペシャル『脳と心』シリーズ2『脳が世界をつくる知覚』（NHK出版、一九九三年）八四頁以下参照。

　村上陽一郎『近代科学を超えて』（講談社学術文庫、一九八六年）三二頁に、フランスの科学的捜査法を教える学校の教室に〈眼は、それが探し求めているもの以外は見ることができない。探し求めているものは、もともと心の中にあったものでしかない。〉とのスローガンが掲げられていることが紹介されている。今中道信「事実認定について」司研論集七六号四一頁は、「一つの偏見を持つとあらゆる証拠がそのように見える。」と述べ、G・デュビー〈松村剛訳〉『歴史は続く』(白水社、一九九三年)六四、六五頁、およびJ・バージャー〈笠原美智子訳〉『見るということ』(白水社、一九九三年)の写真評論家飯沢光太郎による解説(二四三、二四四頁)にも、「サーチライト説」や「レーダー説」を裏付けていると解される記述がある。

＊21 「斉藤朔郎「自由心証――すなわち証拠の支配」同『刑事訴訟論集』(有斐閣、一九六五年)二五三、二五四頁。ちなみに、パトリック・デブリン(内田一郎訳)『イギリスの陪審裁判――回想のアダムズ医師事件〔新装版〕』(早稲田大学出版部、一九九七年)四二頁には、イギリスの陪審は、〈陪審裁判の過程で関連性のないものや偏見を自分たちの心の中からすっかり一掃し……(中略)……考えをただ一つの争点に集中し、ただ、ギルティー(有罪)の一言か、ナット・ギルティー(無罪)の二言だけで、自分達が合理的な疑いを超える程度まで、確信させられたのかどうかを述べる〉と書かれている。

＊22 L・ウルパート＝A・リチャーズ〈牧野賢治訳〉『科学に魅せられた人びと』(東京化学同人、一九九一年)二三三、二三四頁。

＊23 W. H. Dray, Philosophy of History (2nd ed.), Englewood Cliffs, N. J. : Prentice-Hall (1993) pp.55 et seq.

＊24 今中・前注(20)四二頁。

＊25 賀集・前注(6)二一八頁。

＊26 鈴木忠一「裁判官の内的独立」ジュリ四六九号(一九七一年)一二九頁。他に、浦辺衛「刑事裁判の事実認定」判タ三二六号(一九七五年)四五頁、佐々木哲蔵論文集『一裁判官の回想』(技術と人間、一九九三年)の「あとがき」中の伊達秋雄の発言、土屋文昭「事実認定再考」自正一九九七年八月号八四頁参照。

＊27 小林啓二「証拠排斥根拠としての『不自然・不合理』について」判タ九六九号四頁。

＊28 伊藤・前注(5)二七六、二七七頁。

＊29 S・ウイッシュマン〈梅沢利彦＝新倉修＝田中隆治訳〉『陪審制の解剖学』(現代人文社、一九九八年)七五頁。

＊30 Cf. Gobert, op. cit., p.74.

＊31 科学の制度については、Cf. S. Toulmin et al., An Introduction to Reasoning (2nd ed.), New York: Macmillan (1984) Chap. 23. 村上陽一郎『科学者とは何か』(新潮選書、一九九四年)六二頁以下参照。

＊32 Vgl. K. Peters, "Gedenken und Gedanken. Zur Problematik der Urteilsfindung": in G. Arzt et al. (hrsg.), Festschrift für Jurgen Baumann zum 70.Geburtstag, Bielefeld: Giesking（1992）S. 327.

＊33 Vgl. H. Höcherl, "Die richterliche Überzeugung": in K. Wasserburg u. W. Haddenhorst（hrsg.）, Wahrheit und Gerechtigkeit im Strafverfahren: Festgabe für K. Peters aus Anlaß seines 80. Geburtstag, Heidelberg: Müller（1984）SS. 17 ff.

＊34 Cf. Gobert, op. cit., pp.170 et seq.; A Kapardis, Psychology and Law. A critical introduction, Cambridge: Cambridge U.P.（1997）, pp.134 et seq.

＊35 Cf. B. S. Katz, Justice Overruled, New York: Warner Books（1997）pp.94 et seq.

＊36 久保田誠一『グレイゾーン』（文藝春秋、一九九七年）一七頁。
英米両国でも、陪審制にはいくつか問題点があり、種々改革すべき点が提言されている。イギリスにおける問題点については、Cf. Devlin, op. cit., Chap. 3. S・エンライト＝J・モートン〈庭山英雄＝豊川正明訳〉『陪審裁判の将来』（成文堂、一九九一年）参照。アメリカにおける問題点については、Cf. Dershowitz, op. cit., pp.201 et seq.; Katz, op. cit., pp. 94 et seq. 四宮・前注（14）一三一頁以下、丸田隆『陪審裁判を考える』（中公新書、一九九〇年）第二章、M・Bザーマン〈篠倉満＝横山詩子訳〉『陪審裁判への招待』（日本評論社、一九九〇年）第九章参照。

＊37 Cf. Gobert, op. cit., pp.74, 75, 87. 平野龍一「職業裁判官と素人裁判官」法時二九巻四号四三六頁も同旨。蓑田速夫『裁判と事実認定』（近代文藝社、一九九六年）八一頁以下、および萩原金美「民事証明論覚え書」民訴雑誌四四号（一九九八年）二四頁以下も、事実認定において職業裁判官に「専門的優越性」のないことを主張している。

＊38 Cf. Gobert, op. cit., pp.151 et. seq. 大久保哲「刑事手続の構造からみた陪審の事実認定」刑雑三二巻四号（一九九二年）は、「刑事手続における事実認定では……（中略）……できるだけ多数の偏りを持った多くの主体が、自己の偏りをもとにして、多面的に証拠を見て、事実仮説を批判的に検討するほうが望ましい。」と述べている。

＊39 古くは、小室直人「裁判官と官僚性」ジュリ四六九号。比較的新しいものとしては、刑雑三三巻四号（一九九四年）、東弁（編）『陪審裁判——旧陪審の証言と今後の課題』（ぎょうせい、一九九二年）、自正一九九七年四月号特集2「市民の司法参加」の諸論文、戒能通厚「法曹一元と裁判官」自正一九九七年九月号。最近のものとしては、日弁連司法改革推進センターほか編『デンマークの陪審制・参審制』（現代人文社、一九九八年）、桐山剛「市民の司法参加は陪審制と参審制の併用で」自正一九九八年二月号、後藤富士子「現行法の中にある法曹一元」自正一九九八年六月号、自正一九九八年七月号の矢口洪一「『法曹一元』の制度と心」ほか特集1「法曹一元の実像と課題」の諸論文。

〈庭山英雄先生古稀祝賀記念論文集・民衆司法と刑事法学〈一九九九年　現代人文社〉所収〉

第二部　書籍紹介

W・キュパー著

ドイツ刑訴における
裁判官概念の歴史と理論

Wilfried Küper; Die Richteridee der Strafprozessordnung und ihre geschichtlichen Grundlagen, Münsterische Beiträge zur Rechts- und Staatswissenschaft, Heft II, Walter de Gruyter & Co., Berlin, 1967, XXX +364 SS.

庭山英雄

1

本書は本文五編から成る。第一編序論、第二編刑事上の啓蒙主義における裁判官概念、第三編歴史法学派の影響にもとづく刑事裁判官の地位の変動、第四編十九世紀の法実証主義における裁判官概念、第五編現行刑事訴訟法ならびに裁判所構成法における裁判官概念、以上の五編である。以下、この順序にしたがって簡単に内容の紹介を試みることとしよう。

第一編序論は二章から成る。第一章は現代の裁判官概念に関する問題点の素描であり、第二章は本研究の目的と方法との説明である。著者キュパーは先ず「法規と裁判官との両者が法実現のための欠くべからざるモメントである」とのビューローの言葉（二頁）を引合に出して、現代の裁判官は啓蒙主義時代に理解されていたような「条文の代弁者」（Mund des Gesetzes）ではなくて、「価値判断を行なう機関」であると述べ、問題の所在の方向を見定めている。このような裁判官の「価値判断」は訴訟の全段階で現われてくるのであるが、なかんずく重要なのは事実認定の場合と法適用の場合との両場面におけるそれであると、対象を限定した上で、著者は次のように説く。——裁判官の行なう「価値判断」は究極のところ一種の包摂作用（Subsumtion）であるが、この包摂作用はそれを行なう裁判官の人格によって高度の影響を受ける。それゆえに裁判官という職は知的な性格ばかりでなく、すぐれて倫理的な性格を帯びている（五～二六頁）。

このような問題意識を前提として著者は本書の目的と方法とを、先ず実体法・手続法両面における歴史的背景を考察し、その上に立って現行刑訴法がいかなる裁判官像を予定してるかを探ってみたいと、敷衍する（三一～三頁）。

2

第二編は大雑把に分ければ二つの部分から成る。第一章から第五章までが思想史的考察の部分であり、第六章が訴訟法的考察の部分である。

本文の叙述とは前後するが時代順に述べれば史的考察の部分はほぼ次のようである。——ゲルマン時代においては裁判官（Richter 職業判事と Urteiler 素人判事双方を含む）はカリスマ的であった。超越的絶対的な法の発見者且つ創造者であった（八四～五頁）。中世に至って宗教的支配が強くなると、神の代理人と考えられるようになった。すなわちカノン法においては Thomas von Aquino によって説かれたごとく、裁判官は「生ける法」（lebendiges Recht）であったのであり（八六～九〇頁）、やがてローマ法継受の時代になっていくらか人間的要素も加味されるようになって来た。この模様は当時の法書である Deutschen Spiegel や Schwaben-spiegel からうかがわれる（九〇～三頁）。このような人間的傾向はルネサンスに至って決定的となり、「神の代理人」から「人間の良心の具現者」としての裁判官へと完全に移り変わっていく（九〇～一〇三頁）。

かくして啓蒙主義時代に入る。その初期においてはHommelらの主張するごとく、成文法規に対する裁判官の思索の自由が尊重された（四一頁）が、仏伊の裁判官概念の影響を受けて次第に変容を遂げ、ついにその終期においては"Mund des Gesetzes"になり果てるのである（四四～八二頁）。

以上の歴史的背景をふまえて、著者は第六章において啓蒙主義時代の裁判官概念を探る。先ず訴訟構造と裁判官の占める位置との関係を説き、ドイツ普通法の糺問手続においては裁判官はRichter, Ankräger, Verteidiger（裁判官・検察官・弁護人）の三人格を一身に兼ね（後のFeuerbachの指摘にかかる）、心理学的見地からしてきわめて不当な状況であったとする（一二三頁）。ついで証拠法と裁判官像との関連に進み、糺問手続初期においては裁判官は証拠の価値判断において自由裁量を許されていたが（一二五頁）、カノン法の影響を受けて次第に制約を受けるようになり（一二六～七頁）、啓蒙主義時代においては証拠評価における裁判官の自由は全くなっていたとする。

3

第三編は歴史法学時代の裁判官像の探求に当てられる。本編もほぼ二つに分けられる。第一・二章が歴史的考察の部分であり、第三章が理論的考察の部分である。前者における著者の論旨は大要次のようである。十九世紀における歴史法学の台頭とともに、啓蒙主義時代の法規万能思想（Gesetzlichkeitsgedanken）に対して鋭い批判が加えられることとなった（一四四～五頁）。なかんずく歴史法学派の暁将Savignyは「法は民族確信の具現にほかならない」との命題をひっさげて登場し、裁判官はその時代の民族確信の代弁者であると主張した（一五一頁）。ここに従来の機械論的な裁判官概念は否認され、裁判官の創造的資質が重視されることとなった。だが裁判官の資質重視といっても〈価値喪失的〉な知性の尊重にとどまった（一五六頁）。その次に出たAbeggは、法規による拘束と裁判官の主体性との関係にメスを入れ、従前の包摂理論を維持しながら、そこに働く人格関係要素を否認し、純粋認識主体としての裁判官像を定立した（一六四頁）。

かかる歴史法学派の思想は当然に刑事訴訟法学にも大きな影響を及ぼした（一六六～七頁）。そこに展開された刑訴法理論は当時の自由主義的政治思想によって支持された（同頁）。理論的指導者としては、Savigny, Abegg のほかに Mittermaier, Zachariae, Biener, Köstlin, Planck' Wächter などが数えられる（一六八頁）。なお十九世紀の刑訴法改革には仏英両法の影響を見逃しえない（一六九～一七七頁）。

以上の史的考察ののちに著者は当時の裁判官像の分析に入る。先ず訴訟構造との関連のもとでは、糺問主義に弾劾主義が加味されていくにつれて、裁判官は尋問者から審判者へとその地位を変えていったが、エポックと目される「改革された刑事訴訟」においても、形式的には弾劾構造であったがその実質は糺問主義にとどまったので、裁判官の地位も完全な審判者には程遠かったとする（一七七～二一二頁）。ついで著者は証拠法との関係を考察し、自由心証は初め陪審と不可分のものと解されていたが次第にゆるく解されるようになり、同時に裁判官と法定証拠主義とは一体不可分のものとする理解も次第に緩和されていき、やがて法定証拠主義廃止を生み出すと説く（二一四～二三八頁）。このことは裁判官像も徐々に信頼に価する人格として理解されるようになっていったことを示す。

4

第四編における著者の所論は大要次のようである。

十九世紀の後半になって哲学の領域で実証主義が盛んとなった。フランスの Conte、イギリスの Mill, Spencer、ドイツの Laas, Schuppe, Avenarius, Mach, Ludwig Feurbach らがその代表者である。この実証主義は学問全般に波及した。法律学も例外ではなかった。法実証主義によれば、「法律学も科学の一種であって、それ自身の科学的概念にしたがって指導される」（二四八頁）。そこで法律学も成文法規という資料（Rechtsstoff）によって確かめうる範疇に限られることとなった。たとえば Binding も「自然法はそれが成文法規とならないかぎりなんの意味もない」と述べている（二四九頁）。"Recht"「法」もそれが法として認められるためには"Gesetz"「法規」にならなければ駄目だったのである。法実証主義が"Gesetzespositivismus"といわれる所以である。最近Arthur Kaufmannも「すべての法規が法である。いいかえれば、法規だけが法であってそのほかに法は存在しない」と述べている（二五一頁）。

このような国家制定法第一主義からすると、裁判官の判断作用もいきおい知的且つ機械論的操作と解されざるをえない。ここに再び歴史法学派の主張する「知的裁判官像」が台頭する。すなわち、裁判官が価値判断や意思決定を行なうことは不可能とされ（同頁）、判決発見も一種の「計算」とされた。まさしく裁判官は「法規の従者」へとなりさがったのである（二五三頁）。もはや裁判官には具体的価値判断を行なう余地はなく、ちょうど啓蒙主義時代の裁判官のように抽象的・非人格的存在として機能するものとなったのである（二五七頁）。

5

古代、中世、近代と裁判官像を追求して来た著者は第五編においていよいよ現代へと入る。第五編は第三章から成る。第一章訴訟構造と裁判官、第二章証拠法と裁判官、第三章裁判所構成法と裁判官、以上三章である。著者は劈頭、現行法の条文から立法者がいかなる裁判官像を抱いているかを考察したいと述べ、先ず訴訟構造との関連から手を入れている。第一章においては最初に公判開始決定裁判官と判決裁判官との同一性の問題をとり上げ、裁判心理学上きわめて危険であると知りながらもなお裁判官が自己の判断を理性で充分コントロールできると立法者は過信していると批判し、両者は早急に分離されるべきだとする（二六一〜六頁）。ついで公判における裁判長の機能について論じ、裁判長は依然として糺問者的地位にあり、このことが反対尋問制度の実質的不採用につながっていると批判する（二六八頁）。更に再審手続における裁判官の問題をとり上げ、ここでも原審裁判所と再審裁判所とが同一である点を批判し、立法者は裁判心理学的観点を無視しているとする（二七一〜七頁）。なお原審破棄差戻判決の場合、その拘束力は原審裁判官の自由心証への侵害となるとも問題提起している（二七七〜九一頁）。

次に著者は証拠法関係に筆を進める。先ず現行法の証拠禁止は裁判官の主体性に対する成文による拘束を意味すると指摘し、ついで証拠評価の面では、自由心証が裁判官の全人格的行為にほかならないことを強調し、判決に証拠上の理由は説示することを明文が要求していない原因がそこにあるとする（二九三〜三〇三頁）。そして最後に「裁判所構成法と裁判官」の章では、合議制の問題に重心をおいて論じ、単独性と比較して判断者の責任意識の低下という難点はあるにせよ、判決形成における客観性保障機能を高く評価している（三〇三〜二七頁）。

6

すでに見るごとく、本書の内容はきわめて広範であって、全般的な論評はきわめて困難である。そこで以下、評者の年来の関心事である自由心証主義との関連において著者の論旨を辿り、終りに短評を加えて書評の責をふさぎたいと思う。

著者は自由心証の歴史と理論とをほぼ次の様に論じている。

ゲルマン時代の証拠法は形式的証拠主義であって真実発見を基本的目的としていなかった（この点については反対説がある——評者注）から、自由心証ということは問題になりえなかった。合理的証拠主義つまり糺問手続に移り真実発見が意識されるに及んで、初めて自由心証主義か法定証拠主義かという問題も起きて来た。糺問手続の初期においては一種の「自由心証主義」であった（一二五頁）。すなわち当時は拷問を必要とする嫌疑の程度も供述の評価も裁判官の自由裁量に委ねられていた（マキシミリアン裁判法 1409, 1506 はそう定めている）。ところがイタリア法の流入とともに法定証拠主義が導入されることとなった。当時はすでにイタリア法においては証拠法がかなり発達しており、裁判官には自由な心証形成を許さず、成文法規に従わせていた。間接証拠と直接証拠とは明確に区別され、前者は一定事件についての拷問許可条件にすぎなかった（一二六頁）。カノン法においてもイタリア法とほぼ同様であった。そこでは証拠方法は証明力によって分類され、個々の裁判官の価値判断の余地はなかった（一二七頁）。自由心証は完全に否定されていたのである。

このような第一次外国法継受の渦中にあって自由心証に眼を向けていた〈英知〉があった。それがSuchwarzenbergである。彼はイタリア証拠法に範をとりながら彼独自の証拠法体系を作った。これが有名なカロリナ法典（C. C. C1532）の原型である。そこでの一番の問題は拷問によってえられた自白の評価の問題であった。彼はこれを裁判官の自由裁量に委ねた。その他一般の間接証拠評価についても裁判官を絶対的に拘束することをせず、かなりの程度に裁量を許していた。なお伝聞証拠も排除されている（一二八～九頁）。近代証拠法の萌芽をすでにここに見ることができる。

カロリナ法典は十九世紀まで形式的に残ったが、Suchwarzenbergの基本思想はすでに十七世紀以来忘れ去られていた。そして、カノン法の影響下に徐々に法定証拠主義が強化され、裁判官を法規にしばりつけるドイツ普通法証拠法が完成されていった。すなわち、カロリナ法典によって動的な精神活動とみなされた心証形成は普通法によっては形式的図式的な法規適用行為とされてしまったのである（一三一頁）。

かかる状況は十九世紀まで続いた。十八世紀末に拷問の廃止があったが、法定証拠主義にまつわる官許犯罪をやめたというにすぎなかった。当時すでに自由心証主義の提唱者がいるにはいた。ザクセンの法律家Justiがそれである。彼は（一七六〇年）裁判官の確信以外に有罪の根拠はないと明言した。しかし大勢はそのようには考えていなかった。法定証拠主義でなければ、恐るべき〈裁判官の専恣〉を防ぐことはできないと考えたのである。Globigのいうごとく、法規による拘束のない確信など裁判上の証明として資格はない、と信じ込んでいたのである（一三七頁）。これら二つの立場（自由心証に賛成と反対）は続いて起ったFilangieriの提唱になる消極的法定証拠理論によって止揚されることとなった（一四〇頁）。当理論は法定証拠を認容しながらも、それが裁判官の確信に反する場合には有罪判決する必要はないとするものであった。ここに裁判官の確信が法定主義に対するコントロールとして働くことが容認され、自由心証主義への第一歩が踏み出されたのであった。しかし、その確立に至るにはなお人格を認められた裁判官概念の出現を待たなければならなかった（一四三頁以下）。

この新裁判官像の確立が十九世紀半ばの第二次外国法継受によって達成された。直接の契機はフランス治罪法（一八〇八年）の裁判官概念であった（二一四頁）。この新裁判官像に定礎されて自由心証主義も確立されるのであるが、そのまえになお陪審制度採用の可否についての激しい論争を克服しなければならなかった。学識裁判官も素人裁判官もその心証形成においては大差ない（どちらも非合理的・情緒的要素を含む）ことが承認される必要があったのである。したがって Abegg によれば一八四八年の自由心証主義の確立は陪審賛成派と職業裁判官支持派との間の妥協の産物だとされる（二二〇頁）。

7

本書は著者が Münster 大学法学部に提出した Dissertation（博士論文）を印刷に付したものである。序文によれば著者は碩学 Karl Peters の門下のようである。Dissertation によく見られるごとく本書の内容はきわめて豊富である。本文のみで三三〇頁、巻末に掲記された文献数だけでも六六六編（著者はそこの注でそれでも重要なものに限ったと述べている）にのぼる。従来散発的であったこの種の研究の一集成としてその学問的資料的価値は、ことにわが国の研究者にとっては大きなものがあろう。本書の一番のメリットは裁判官の判断が人格関係的であることを史的にも理論的にも裏づけた点にあろう。残された問題はその客観性保障をどうするかであるが、著者がドイツ現行法の分析から取り出した解答はそうとりたてて論ずる程のものでもない。この問題はわれわれにとっても今後の課題である。（一九六八・四・一〇稿）

（判例タイムズ二二一号〈一九六八年〉）

P・ホルタッペルズ著

In dubio pro reo 原則の発展史

Peter Holtappels; Die Entwicklungsgeschichte des Grundsatzes>> in dubio pro reo<<, Hamburger Rechtsstudien, Heft 55, Verlag Cram, de Gruyter & Co., Hamburg, 1965, VI+104 SS.

庭山英雄

1

本書の内容をその目次によって示せば次のようである。第一章ローマ法、第二章中世イタリア法とカノン法、第三章ローマ法継受前のドイツ刑訴法、第四章ローマ法継受、第五章十七世紀中葉までの普通法、第六章十七世紀中葉以降の普通法、第七章啓蒙主義、第八章結論。以下この順序にしたがって内容の紹介を試みよう。

著者ホルタッペルズは第一章において果してローマ法の中に in dubio pro reo 原則（「疑わしきは被告人に利益に」の原則、以下 i. d. p. r. 原則と略称する）が存在するか否かを検討する。ローマ法まで遡った理由を、著者はローマ法が中世イタリア法を通じてドイツ刑訴に大きな影響を及ぼしているからであると説く（一頁）。ドイツ法が「フランク法とローマ法」との混血の所産であることは敢えてゾームの論文を引合に出すまでもあるまい。ドイツ刑訴でちょっとした問題を解決しようとすると、まずローマ法まで遡らないと正解はえられない。そのことは本書を読むことによって再認識するであろう。

著者はローマ法大全の一部「学説彙纂」（Digesten、六世紀にユ帝のもとで編纂された）の中に、i. d. p. r. 原則類似の思想を探求し、結局次のように結論する。「今日われわれの慣用する i. d. p. r. の言葉そのものはローマ法時代に生まれたものではないが、その考え方はローマ法に由来する」(同頁)。
著者の見解によれば Trajanrescript (Mommsen はこれを根拠にローマ法に、i. d .p. r. 原則があったとする)は例外的であり(二頁)、Pauls Buch は民事関係であり(三頁)、Gaius Kommentar は民訴用であり(五頁)、Marcellusfragment も民事関係であり(同頁)、そして最後に Ulpian Kommentar も民訴用であって(六頁)、いずれの註釈書も刑訴上の i. d. p. r. 原則存在の論拠にならないとする。

2

第二章は三節にわかれる。第一節が前期註釈学派、第二節が後期註釈学派、そして第三節がカノン法についてである。

i. d. p. r. 原則の歴史はローマ法時代から一挙に五世紀も跳んで十二世紀のイタリアに移ると前置きして、著者は第一節に入って行く。イタリアでローマ法がいち早く復活をみたのは北部イタリア都市における商業発展のゆえであり、十一世紀半ばに Pisa において Digesten のコピーが発見されたことも復活の一助になったという(七頁)。このローマ法をヨーロッパ全土に広めたのはボローニャ大学の学者群であったことは周知の事実である。

著者によれば、前期註釈学派(一一〇〇～一二五〇年、ユ帝法を研究対象とする)の著作の中にすでに i. d. p. r. 原則があるが、その著作「標準註解」(Glossa Ordinaria)は民刑事の区別がなされていないため、厳格な意味ではそれは i. d .p. r. 原則ではないとする(八頁)。刑訴プロパーの i. d. p. r. 原則が初めて出現したのは次の後期註釈学派(一二五〇～一四〇〇年、標準註解を研究対象とする)の著作中であって、その創始の栄誉は Gandinus, Aretinus 両註釈学者に帰せられるべきだとする(同頁)。但し、i. d. p. r. 原則の存在がそのまま自由心証主義の存在を裏付けると考えるのは早計だと批判している(同頁註(11))点に留意しなければならない。

ついで著者はカノン法の検討に入る。そこでの一番の問題は、Henkel, Peters, Kern, Stree らが挙って、"actore non probante reus absolvitur" を論拠にして、すでに i. d .p. r. 原則があったと主張する点である。しかし著者ホルタッペルズは、当該章句が教会法典（一四一七年）にあって教会法大全（一四三一年）にないことを指摘してこれを一蹴する（一四頁）。その他 i. d. p. r. 原則の存在を示唆するような訓令や勅令があるがいずれも民事関係のものにすぎないと論定している（一八頁）。

3

カノン法の中に i. d. p. r. 原則の存在を否定した著者は、ついで第三章ローマ法継受前のドイツ法の検討に入る。先ず、ゲルマン法もしくは中世初期ドイツ法中に継受以前にすでに i. d. p. r. 原則が独自に発生していたのではないかとの問題を考察する。

ゲルマン刑訴の最古の法源はフランク王国の民衆法（五～六世紀）に求められるが、そこには i. d. p. r. 原則はないと著者は結論する。その論旨は次のようである。すなわち、当時の刑事手続は一種の弾劾主義であり、弾劾主義における立証手続はたしかに i. d. p. r. 原則を要求する。しかしそれは手続目的として真実発見が意識される場合のみである。残念なことにゲルマン刑訴の立証手続は形式的証拠主義を出なかった。宣誓や神判による証拠が存在しさえすれば真実証明があったものとされた。このような立証手続では i. d. p. r. 原則の機能する余地があろう筈がないというのである（二一頁）。

ついで著者は中世ドイツ法の模様（ほぼ九～十四世紀）を検討する。Gregor von Tours の説くところによれば、民衆の宗教的感情はすでに六世紀頃から動揺を始めており、抑制を失った犯罪者群が横行していた。このような犯罪者群に対処すべく当時のゲルマン証拠法は余りにも無力であった（二三頁）。社会は新しい刑事手続を要求した。証拠法もこれに応じた。たとえば現行犯の立証手続（Handhaftverfahren）は改められ、本人による潔白宣誓方式は否定された（二四頁）。立証は証言主義へと変ったが、しばしば性格証拠も用いられた。治安維持の要求が権力的訴訟追行を強化し、ドイツ固有の糺問手続を発生させて行った。証拠方法として、自白が尊重され拷問も行なわれた。しかもイタリアと異なりなんの制約もなかった。このような状況であったので i. d. p. r. 原則の働く余地は全くなかったと説くのである（二六〜七頁）。

4

第四章は三つに分類される。一つは法書関係（第一・四節）、二つは宗教改革（第二節）、三つは立法関係（第三・五節）である。

前章に見たような未発達の刑事手続が当時の「先進国」たるイタリアの都市法を導入したのは、当然のなりゆきであった。著者によれば、イタリア法継受の目的は正義（Gerechtigkeit）の実現と社会利益（soziale Nutzen）の確保との調和のうちにあったという。

当時のイタリア法継受の模様を伝える第一の法源は Klagspiegel である。その第二部には刑訴法規定があるが、イタリア法の丸写しであった（二九頁）。にもかかわらず i. d .p. r. の思想は否定されていた（三〇頁）。それに続く Tengler 著の Layenspiegel も Klagspiegel と大差なかったとする。

注目すべきは当時の宗教改革会議であった。著者は Wormser Reformation（ウォルムスの改革）の意義を法書よりも高く評価する（Kunkel の指摘するところによれば、Wormser Reformation こそドイツ普通法の手本であるという）。そこでは裁判官は自由心証をもって拷問実施の前提条件たる徴表（indicia dubitata）を認定しえた。しかし疑問のときどう処置するかについての指示はない。したがってここにも i. d .p. r. 原則は存在しないとする（三二頁）。

i. d .p. r. 検討の見地から見のがしえないのは当時の立法である。後に中世最高の法律家と称される Schwarzenberg は、イタリア法とゲルマン法とを綜合してバンベルク刑事法（一五〇七年）を作った。彼はローマ法の Trajansentenz（i. d .p. r. 思想表現と目される）を採用して拷問実施に制約をもうけ、その結果の評価についても徴表によって補われて初めて価値があるとした（三三頁）。しかし「疑わしきとき」の処理を審判人（Urteiler）に委せず専門法律家に委ねた（三四頁）。審判人の能力を信頼しなかったのである。一五三二年のカロリナ法典もバンベルク刑事法と同様であったとする。

5

第五章は大要二つわかれる。第一・三節が当時の学説の動向、第二節が当時の実務の趨勢である。著者は初めに、継受時代には後世、金字塔と称される立法（ラント法としてはバンベルク刑事法、ライヒ法としてはカロリナ法典）があったが、継受後においては見るべき立法はないと前おき（三八頁）して、学説の検討に入る。

著者がそこで取り上げるのは、Perneder, Gobler, Damhouder（以上十六世紀）、Wesenbec（十七世紀）の諸学者である。先ず Perneder については、彼が嫌疑罰についてはなにも知らず、当時のドイツ刑訴の核心問題たる拷問実施条件については二つにわけ、弾劾手続においては間接証拠を要求するが糺問手続においては要求していないと指摘する（三九頁）。Gobler もほぼ同様であるとする。両者とも i. d .p. r. への対処の仕方はあいまいである。ところが、オランダの学者 Damhouder は間接証拠理論を整備し、刑事裁判ではあらゆる証拠が一義的に明確でなければならないと宣言する（四〇頁）。彼こそ普通法時代に i. d .p. r. 原則に言及した最初の人といえる（四一頁）。次の Wesenbec も i. d. p. r. について触れるところはない。十七世紀のライプチヒの刑訴法学者 Berlich も具体的判決（Abtreibung 放逐と Notwehr 緊急防衛との二つがある）は別として全体的には in dubio contra reum（疑わしきは被告人の不利に）であったとする（四五頁）。

当時の実務の傾向はたしかに真実発見の強力な武器としての拷問を捨てはしなかったが、なおそこに被告人保護の思想を徐々に芽生えさせつつあったということができる（四二頁）。しかし i. d .p. r. の基本思想は当時の実務全体の共有財産というわけではない。十六世紀の裁判実務に大きな影響を及ぼしたといわれる Fichard の諮問会意見集（Consilia, 1590）に i. d .p. r. に似た観念がみられるのみであると説く（四三頁）。

6

第六章は時代順に二節に分けられる。第一節が十七世紀後半の学説と実務の動向であり、第二節がそれに続く十八世紀の学説と立法の状況である。

著者は十七世紀で最も注目すべき人物としてCarpzovをとり上げる。Carpzovは一六三五年に有名な"Practica"（実務提要）を著したが、この著作は十七・八世紀にかけて殆ど法典同様に遇された。したがって彼がイタリアから嫌疑刑（Verdachtsstrafe）を導入したのはドイツにとって誠に深刻な事件であった（四六頁）。完全証拠なしに処罰することはドイツ普通法ではすでにカロリナ法典以来違法と目されていたのであるが、彼はカロリナ法典の巧みな解釈によってこれを正当化したのである（四七～八頁）。次いで出たMatthaeusは嫌疑刑にも審級放免にも反対した（五三頁）が、Brunnemannは審級放免には賛成した（五四頁）。なおBlumblacherはカロリナ法典註釈でi. d. p. r. 原則採用を明言している（五五頁）。このように当時の学説にはi. d .p. r. 原則の胎動があったが、実務の方はCarpzov色で一杯であったようである（同頁）。

十八世紀に入っても趨勢はほとんど変化していない。先ずde Lynckerが"in dubio mitior"を謳ったがこれは法適用の問題にしかすぎず（五六頁）、Ludoviciもカロリナ法典コンメンタールでi. d .p. r. に触れたがきわめて慎重な表現にとどまった（同頁）。ついで出たFröhlichも一般的なi. d .p. r. 原則は確立せず、正犯性立証の場合のみにとどまった（同頁）。一方反動傾向も活発であって、Kressはカロリナ法典註解ではっきりとi. d .p. r. 原則を否定し、一七三二年にはBoehmerもそれに続いた。Boehmerによれば法の最高目的は「公共の福祉」（Salus publica）であった（五七頁）。この影響下にKochもQuistorpも相ついで特別刑や嫌疑刑を認めた（六一頁）。なお当時の立法もこれに和していたという（六二頁）。

7

第七章は細かく九節にわかれるが、拷問廃止（第一・二節）、嫌疑罰廃止（第三～七節）、審級放免廃止（第八・九節）の三つに大別される。啓蒙主義時代は本書のテーマi. d .p. r. 原則の確立のいわば〈前夜〉であり、当然のことながら著者は本章に一番力を入れている。

中世以来の拷問（イタリア法継受以前からあったことについてはすでに触れた）は一七四〇年六月三日プロイセンの啓蒙専制君主 Friedrich II の勅令によって廃止された。ほとんどすべてのラントが一七七〇年頃までにはこれに続く（六三頁）。著者によれば、拷問廃止は人間性と法秩序の上から誠に喜ぶべき現象ではあったが、当時の裁判に一種の混乱（Ratlosigkeit）をまき起こしたという（六四頁）。拷問なしに証拠を集めることの困難さに当惑したのであろう。

拷問廃止は i. d. p. r. 原則の発展にとってほんの一里塚にしかすぎなかった。i. d. p. r. 原則にとっての本当の敵は次の嫌疑罰（Verdachtsstrafe）であった。これに対していち早く反対の態度を打ち出した啓蒙時代の学者は Meister である。彼は i. d. p. r. 思想を援用して嫌疑罰の容れるべからざるを説いた（六八頁）。だが一般の状況はその方向にはなかった。反動の巨頭としては Klein があり、以下 Kleinschrod（後に改説）、Eisenhart, Vezin, Zachariae がいた。実務もこれに同調し、九〇年代のプロイセン王室裁判所は未だ嫌疑罰を科していた。しかし学説の批判も次第に活発となり、Bergk, Ranfft, Feuerbach, Tittmann が前記 Meister に続き、さらに Konopack, Stübel, Mittermaier, Jarke, Hitzig が出てとどめを刺した。やや余談めくが、"in dubio pro reo" なる言葉は Stübel がローマ法の Pauls Buch 中の章句をもとにして作ったものだという（八二頁）。

嫌疑罰が廃止されても i. d. p. r. 原則はまだ確立に至らなかった。もう一つの障害、審級放免（absolutio ab instantia）を破る必要があった。著者によれば、審級放免が i. d. p. r. 原則に反することを最初に指摘した十九世紀の学者は Mittermaier である（八四頁）。Stübel は i. d. p. r. 原則とともに名を残してはいるが、実は審級放免の矛盾に気づいてはいない（八三頁）。したがって i. d. p. r. 原則確立の真の功労者は Mittermaier であるとする。かくして立法でもハノーバー刑訴法（一八五〇年）を契機として続々禁止されることとなったのである。

8

第八章結論の部では著者は以上の所論を次のように簡潔にまとめる（要旨）。

i. d .p. r. 原則が古典時代及びそれ以降のローマ法において存在したという事実は証明されない。しかし中世イタリア法はそのローマ法の favores testamenti od. liberatis（「疑わしきは遺言者もしくは自由人の利益に」）ならびに Trajanrescript（D.48. 19. 5）にもとづいて i. d .p. r. 原則を発展させた。それは中世イタリア法で実際に使用されたが indicia indubitata（徴憑）の存否の検討に際してのみであった。一方カノン法、ゲルマン法、中世初期ドイツ法には i. d .p. r. は全く見られない。ローマ法継受も中世イタリア法中の i. d .p. r. 原則を輸入していない。ドイツでは学説も実務も十七世紀初頭まで i. d .p. r. 原則採用の傾向にあったが、その後刑事司法強化の要求によって無為に帰し、Carpzov はドイツに嫌疑刑を導入した。審級放免も間もなく発生した。この頃ドイツ法中に i. d .p. r. の思想が甦った。Matthaeus はそれを Trajanrescript から発展させ、Meister は無罪推定（Unschuldvermutung）からも基礎づけた。かくて一八〇五年には学説中に確立され、一八一一年には Stübel が in dubio pro reo と名付けた。以後、学説は実務を通じて戦いを続けた。その結果一八四〇年には嫌疑刑が廃止され、さらに一八五〇年には審級放免も廃止された。そして今や i. d .p. r. 原則は Henkel のいうごとくドイツ刑訴における最重要原則の一つである（九六～七頁）。

なお著者は i. d .p. r. が原則（Grundsatz）であって法規範（Rechtsnorm）でないところから、上告審がその侵害をあまり問題にしない点をも指摘する（九六頁）。

9

i. d .p. r. 原則の理論的考察については、すでにチュービンゲン大学教授 Walter Stree の手になる労作（In dubio pro reo, 1962）がある。したがって本書はその歴史的考察の部分として、いわば同書の補巻の意味を持つ。本書において著者は慎重にして周到な考察を展開し、すでに見たごとく随所に在来の見解を訂正してみせる。この点については連邦法律顧問 Wilhelm Heran が、ゴルトダマーズ・アルヒーフの書評欄で本書のメリットとして指摘するところ（G.A., 1966, Mai, S. 159f.）であるが、わたくしも自由心証主義の歴史との関連において反省を迫られるところが少なくなかった。現在わが刑訴法の解釈論において、i. d. p. r. 原則は自由心証主義に内在する不可欠の原則として理解されている。しかし本書の示すところによれば両者は必らずしも相即不離の関係に立つものではない。これは恐ろしいが貴重な指摘である。

伝統的に法制史研究者は刑事法関係に余り力を注がず、一方刑事法学者は歴史に余り関心を示さない。そのギャップを埋める一つの架橋としての本書の役割は大きい。しかし訴訟構造全体の流れにおいて i. d. p. r. 原則を捉えるという点で、本書に難点がないわけではない。その意味で、拙稿「自由心証の歴史と人権――ドイツ刑訴を中心として――」（国際人権年記念論文集〈一九六八年〉所収）を併せ読んで頂ければ幸甚である。

（一九六八・七・一五稿）

（判例タイムズ二二四号〈一九六八年〉）

W・ケッサー著

刑事訴訟における真実探究
――事実認定の方法

W. Käßer,
Wahrheitserforschung im Strafprozeß
（Berlin: J. Schweitzer, 1974）

庭山英雄
田中嘉之

1

事実認定は、いろいろな視角から研究の対象になる。真実とは何かという問題を解明するためには、認識論からアプローチしなければならない。証拠からどういう形式の推論をしたら正しい要証事実が認定できるかという問題には、論理学からのアプローチが必要である。また、事実認定における思考過程は、心理学の研究対象でもある。すなわち、事実認定の研究は、純法ドグマ的次元を超え、学際的且つ総合的であることが要求される。これは、独り筆者らの見解であるわけではない。R.Schreiber も次のように述べている。「事実認定の問題は、常識によって解くのが一番よいというのが法学者の見解である。訴訟法学のこのような状況は、『事実科学』の発展と対照的である。『事実科学』は、その領域における事実認定につき、広大な研究を行なっている。訴訟法学がこれらの知識をほとんど利用していないのは、驚くべきことである」（Theorie des Beweiswertes für Beweismittel im Zivilprozeß, Berlin-Heidelberg New York 1968.）

周知のごとく、ドイツには K.Engisch（Wahrheit. Richtigkeit im juristische Denken. 4. Aufl., München, 1963; Logische Studien zur Gesetzesanwendung, 3. Aufl., Heidelberg, 1963）や G.Bohne（Zur Psychologie der richterlichen Überzeugungsbildung, Köln, 1948.）などの先駆的な業績があるが、それに続くものがしばらく途

絶えていた。本書は事実認定の総合的な研究としては、右の二著に続く久しぶりの本格的著作といえよう。

2

著者ケッサー博士は、現在、バイエルン州経済交通省の参事官を務めるまだ若い法曹である。彼自身の手による履歴書によれば、一九四三年一〇月、当時市長であったポール・ケッサー夫妻のもとにヴァイプリンゲン（ヴュルテンベルク州）で生まれた。土地の小学校とヴァイプリンゲンのギムナジウムを卒業し、一八ケ月の徴兵に服したのち、一九六四～六五学年度の冬学期からテュービンゲン大学で法律学の勉強を始め、翌年ミュンヘン大学に移った。一九六九年七月、最初の国家試験に合格し、同年九月、ミュンヘン高等裁判所管区で司法官試補となった。一九七〇年一〇月から七三年九月までミュンヘン大学の法学部ならびに法哲学研究所で研究助手の管理人として勤務したが、その間七三年八月に第二次国家試験に合格し、同年一〇月現職についた。

ところで、本書は一九七二年九月ミュンヘン大学法学部で受理された博士論文を印刷に付したものであるが、審査にあたったアルトゥール・カウフマン博士は要旨を次のように述べている。

裁判官の事実認定の問題について広範な基礎づけを行なったのは、著者の功績である。彼は心証形成過程における事実確認と証拠評価とを整序し、事実解明と構成要件解釈との共通点を指摘する。これがもととなって認識論と解釈論の意義づけに進む。次いで、著者は裁判上の事実認定について決定理論と心理学との立場から解明する。その際有名なドロイゼンの歴史学の方法にならったのは有意義だったと思われる。著者が本論文で示した主張は高度のものであり、それをやり遂げるために、著者は刑事訴訟上の議論のみでなく決定理論、法律解釈学、その他周辺諸科学にも精通しなければならなかった。さて、本論文に欠点がないわけではない。ことに具体的な面で短所が目につく。しかしながら、本論文の功罪は掲げた主張の高さとの関係で測られなければならない。著者は大きな学問的努力で一つの目的を達成した。彼には問題を解決するに足る天稟と思考力とが具わっている。この論文に不備があるとすれば、それは限られた時間のせいである。私はここに当論文を評価し博士論文に値するものとして学部に提出する。

——以上が「推薦文」の要旨であるが、恩師カウフマン教授の温かな目が行間に感じられる。

3

本書は、序文のほか二部から成る（冒頭に、一一頁に及ぶ参考文献目録が付いている）。第一部は、「刑事訴訟における真実とその認識手段」、第二部は、「心理学ならびに科学理論的視点から見た裁判官の決定発見」と題されている。第一部は、主として認識論的考察であり、第二部は、裁判官の決定過程の心理学的考察と経験則についての科学哲学的考察である。著者は、「この研究は、規範的な面に全くふれないわけではないが、重点は（特に第二部では）事実探究における裁判官の決定過程の記述的考察にある」と述べている。以下、順を追って本書の内容を概観してみよう。

4

第一部

第一章　〈真実〉の比較規準としての刑罰構成要件

F. Leonhard や H. Kelsen の見解によると、構成要件とは次のことを意味する。〈ある人が殺人を犯したときは、その者に一定の刑罰を宣告すべきである〉ということでなく、〈権限ある裁判所が法秩序の定める手続中で、ある人が殺人を犯したことを法律上有効に確定したときは、その者に一定の刑罰を宣告すべきである〉。著者はこの見解に反対し、人間の認識能力には限界があるので認識の客観性を達成することが困難であることは確かであるが、それは努力目標として価値があるのであるから、刑法は、殺人を証明された者ではなく、実際に殺人を犯した者を罰する、と考えなければならない旨説く。著者によると、〈真実〉とは、現実とこれに対する認識主体の意識との一致である。したがって、それは、事物それ自体の性質ではなく、判断に付随する性質そのものである。

自由心証主義の要求する認識とは、認識時に利用可能な科学的認識手段のすべてを尽くして経験可能な事実と符合するところの認識をいう。著者は理想主義や現実主義に与せず、経験的認識論の立場に立っている。この立場に立つと、認識は時間の制約付きであり、経験可能性の限界が広がることによって後に覆される可能性があることになる。しかし著者は「どの認識にも対象の絶対性ともいうべき何かが入り込む」〔Arthur Kaufmann〕とし、認識をきわめて一身的で主観的な事実把握とする相対主義的な立場をとらない旨を明言する。

続いて、経験的事実につき適切な命題を作ることを可能ならしめる「原理」（著者はこれを「認識手段」と呼んでいる）が考察される。明証〔Evidenz、確実な心証をえたという感じ〕、誠実〔Wahrhaftigkeit、真実を愛すること〕及び間主観性〔Intersubjektivität、認識手続の開放性〕がそれである。これらの認識手段は、これをたとえ総合的に駆使しても、認識の十全性を保障することはなく、現時点での認識可能性の範囲内で近似的に現実の認識を助けるだけである、と著者は説く。

第二章　判例と法律学における刑事訴訟上の真実探究

はじめに著者は、法定証拠主義（著者のことばによると「形式的証明理論」）を検討する。まず、「証明規則」(Beweisregel) という概念につきほぼ次のように述べる。それは、存在を認識された事実から別の認識すべき事実の推論を可能ならしめる規範である。また、それは、規範的強制作用を有する点を別とすれば、形式論理学でいう普遍的条件文もしくは統計的条件文の構造を持っており、個々の裁判官の人生経験から流出してくるものである。法定証拠主義は、こういう証明規則を法典化し、徴憑 (Indiz) の存在から要証事実の推論を強制する体系である。それは、当初裁判官の恣意を客観的規則でしばりつけ被告人の人権を保護する目的であったが、科学の進歩は、それが真実探究の最善の方法ではないことを明らかにするに至り、ついに放棄されることになった。

次に、著者は自由心証主義の検討に移る。そこでは、証明規則は法定されず、前記の認識手段によって要証事実が認定される。しかし、心証があいまいな直観的感情を超えるもの（したがって理性的探究と論理的推論の結果）であること、および証明規則が論理則・自明の理・経験の基本法則の表現であるべきこと、両者が要求されるならば、鋭く対立するように見える法定証拠主義と自由心証主義とは、互いに接近する、と著者は説く。

ところで、かつて帝国裁判所は、客観的事実は想像の中だけで考えられるだけで絶対的真実の発見は裁判官には閉ざされたものであること、裁判官は一般的生活経験に対応する程度の蓋然性で満足すべきであり、その程度の蓋然性で真実として十分であること、そして、そういう高度の蓋然性が存在するとの意識は真実の心証として妥当すると判示したが、連邦最高裁も、戦後これをほとんどそのまま継受している。しかし、こう言ってみたところで「蓋然性」（Wahrscheinlichkeit）の概念が明確にされない限り公式としては役立たずである。判例はこの努力を怠っていると批判し、著者は科学哲学の明らかにした確率概念を援用して「蓋然性」概念の解明を試みる。統計的確率〔無限系列における相対頻度の極限〕・論理的確率〔経験的事実に基づく仮説の確証度〕及び主観的確率〔主観的経験に関する仮説の確からしさの主観的評価〕がそれである。しかし、確率概念は、非常に良好な情報度（Informationsgrad）を前提にしているが、刑事訴訟においては、実際的理由や法的理由から入手しえない情報がある（たとえば、証言拒否権により）ので、この前提は満たされないし、事情の複雑さが数量的確率理論の使用を妨げる、と説いている。

それでは、証拠評価を客観化し裁判官の恣意から被告人を保護するためにはいかにすべきか。ここで著者は心証の内容と程度を規定する理想型（Idealtypus）を考える。「分別のある平均人」・「具体的に判決する裁判官」・「平均的裁判官」・「識見に富む裁判官」がそれである。このうちの第四が著者の模範像であり、それは第一章の叙述からの論理的帰結である。すなわち、さきに著者は、自由心証主義の要求する真実の認識は全科学分野の知識を動員して初めて到達されうる旨述べていた。裁判官の有すべき識見とは、鑑定人の知識によって補完された知識であり、裁判官や鑑定人に見られる最高の能力の総合である。

5 第二部

第一、二章　事実の認識方法と心証形成過程

ところで、心証を客観的に数量的に決定することは、前述のとおり不可能であるにもかかわらず、これまで、有罪判決を言い渡すためにはどの程度の心証が必要か、といった問題が重点的に論じられてきた。著者は、それよりも、心証は一体どのようにして生ずるか、という問題意識の方がはるかに重要であるとする。この問題の考察が次にとりあげる第二部である。

第二部第一章は、過去に存在した事実の認識方法と題される。

著者は、まず事実認定が歴史家の仕事と似ていることを指摘する。すなわち、事実認定の客観性の問題については、裁判官も歴史家と同様、「全面的客観性」には到達できないが、裁判官は、心証形成を論証によって根拠づけなければならず、なぜ一つの証拠方法を事実認定の基礎にすえ他を棄てるか、を明らかにしなければならず、利用可能な証拠方法全部のできる限り完全な目録を作り、それを利用するように努めなければならないとする。こういう努力をしてはじめて、〈事実は起こったとおりに認識すべし〉との刑訴法の要請に応えることができる、とするのである。続いて著者は、心証形成過程の心理学的分析（第二章）に移る。G.Bohne は、古典的研究（前掲）において、裁判官の心証形成は、心理学的に見れば「問題解決」であって、解決行為（Lösungsakt）→解決意識（Lösungsbewußtsein）→検証（Verifikation）の三段階から成ることを明らかにしたが、著者もおおむねこれを承認し、心証形成の決定過程は、次のシェーマのように進行する、と述べている。

①問題の認識——裁判官はあらかじめ特定された問題と取り組むので、この段階はあまり意味がない。
②必要不可欠な情報の収集——証拠調べ
③解決可能性の模索と実際起こったとおりの選択肢の選択。
④この可能性の主観的評価——検証

⑤有罪判決又は無罪判決

そして、複雑な問題の場合、裁判官は要証事実に認定という全体問題を自己が持ちあわせている理論の水準に達するまで、部分問題に分割する作業を行なわなければならないとする。すなわち、決定過程は、ピラミッドのような構造をしていると見るのである。

第三章　事実認定における要素としての情況証拠と経験則

著者は、事実認定は、論理的に見れば、理論（Theorie）と周辺条件（Randbedingung）から要証事実を推論することであって、科学的予測とその論理的構造を同じくする、という。ここに理論とは、科学上の法則や理論を含んだ意味の経験則のことであり、周辺条件とは、われわれが情況証拠あるいは間接事実と呼んでいるもののことである。情況証拠は、また、決定過程における「情報」として把えることが可能である。

まず、第一節では、情況証拠の獲得が論じられるが、法ドグマ的観点からのアプローチを避け、間接事実の認定の領域における人間の決定の心的不完全性の追究という点に的がしぼられている。第一に、証言は、証人の主観的フィルターにより濾過されたものであって客観的事実を伝えるものとは言い難いし、また法律は厳格な証明手続を要求して証拠調べを禁じたり、得られた情報の使用を禁じたりするので、判決に何らかの関連性を有する被告人の行動に関する情報を裁判官が全部手に入れることは不可能である。すなわち、合理的事実認定のための情報基盤（Informationsbasis）がそもそも不十分である。第二に、情報の受け容れと処理についても、人間の能力には限界がある。ところで、事実認定の論理的構造が右のようなものであるとすると、事実認定は、もっぱら裁判官の経験的知識にかかっているといっても過言でないこととなる。かくして、著者は、経験則の考察へと移る。経験則とは、かつてF. Steinが定義したように、〈一定の前提の下に予期される結果を表現する一般的な仮定的命題〉である。経験則はE. Schmidtにしたがって、これを科学的経験則と一般的経験則とに分類するのが通説的見解であるが、著者は、この分類は、第一に、「科学」の概念が定義されていないし、第二に、科学的経験則といっても一般的経験則とみなしうるような自明の理を表現しているものもあるので、不満足なものである、と批判したうえ、内容ではなく根拠づけの相違を規準にして、「生活上の経験則」(Erfahrungssatz des Lebens) と「実験により根拠づけられる経験則」とに分類する。そして、前者の生成と審査の問題に入る。個々の観察を経験則に転換する心的過程は未だ十分に解明されていないが、経験の獲得は学習過程 (Lernprozeß) と考えられる。どういう経験をするか、は社会的環境・職業教育・偶然などいろいろなファクターにより決まるので、どの人にも、入手しうる経験の数には限界がある。それゆえ、裁判官は、他人の経験によって自己の経験の貯えを補完しなければならない、と説かれている。

それでは、他人の経験を受け容れてよいかどうか、の規準は何か。著者は、これを間主観性すなわち一般的親近性に求めている。続いて、著者は、自然科学と社会科学の一部が根拠づけに不可欠としている「実験的方法」を解説し、それが非常に厳格な、間主観的に審査可能な手続であることを述べ、これらの科学において、いかなる場合に仮説が受け容れられまたは棄てられるか、という問題に言及している。そして、「実験により根拠づけられる経験則」とは、実験的審査において、暫定的検証または終局的反証 (Falsifizierung) が可能で、かつそれに親しむ経験的理論である、と規定している。

著者は、最後に、事実認定の客観化の問題を考察する。事実認定は、これまで随所で述べられてきたとおり非合理性という制約を免れえないが、これを克服するための本質的条件として、①外部的・内部的間主観性、②省察と論証の完全、の二つが挙げられる。すなわち、一つの事実を裏づける理由と別の事実に反対する理由とを心の中ではっきりさせることおよびこれを外部に公表すること、言い換えれば、「証拠評価の透明性」の具備が要求されるのである。そして、裁判官の事実認定にそれ以上の合理性を望んでも、それは達成不可能である、と著者は結んでいる。

以上が本書の内容の概要である。

6

本書は、科学哲学や心理学のある程度の知識がないと理解しにくいが、なかなか読みごたえのある力作である。純法ドグマ的次元を超えて隣接諸科学の成果に依拠しつつ事実認定の諸問題にアプローチしようとする基本的姿勢は、今後の事実認定研究の一つのあるべき姿を示すものとして、われわれは、本書を高く評価したい。しかし、読み終えてみると、いささか期待はずれの点、また、必ずしも賛成できない点なきにしもあらずである。以下、二、三の点につき、簡単に述べてみよう。

（1）著者は、〈真実〉とは「現実と認識主体の意識の一致」である、と述べている。これは明らかに認識論において〈対応説〉（correspondence theory）と呼ばれる立場である。

真実ないし真理は、著者も述べているように、事物それ自体の性質ではなく、認識主体の判断の持つ性質である。そうすると、真実とは何かという問題は、判断すなわち命題の真理性の問題であることになる。N.Rescher（The Coherence Theory of Truth, Oxford U.P., 1973, Chap.I）によれば、命題の真理性を解明するには、二つのルートがある。定義によるルートと規準によるルートである。前者は命題の特徴としての〈真理〉という概念を定義づけることを試み、後者は、一定の命題に〈真理〉という特徴づけをする保障があるか否かのテスト規準を見いだすことを試みる。この二つのルートは、明らかに別物である。たとえば、リトマス試験紙は、液体の酸性・アルカリ性を決定するために使うことができるが、酸性とはどういうことか、ということにつき何も語らない。こういう視角から見ると〈対応説〉は、定義面では、命題の真理性は現実との〈対応〉という関係中に存することを主張し、規準面では、命題の真理性をチェックするための最善の方法は、その命題が現実に〈対応〉しているか否かをチェックすることだと主張する見解であることになる。しかるに、事実認定特に刑事訴訟におけるそれの過程で問題になるのは、過去の事実に関する命題の真理性のテスト規準である。したがって、〈対応説〉のいう〈観察による事実との対面〉によるチェック方法をこの種の命題の真理性のチェックに使うことの不可能なことは、明らかである。〈対応説〉は、定義としては最善であっても、テスト規準としては難点があると評するほかない。本書がこういう問題点にいささかも言及していないのは残念である。

（2）つとに、G. Bohne は、心証形成は認識の範囲をはるかに超え、一種の行為であり、起こり得べき結果の考慮にかかっている決定過程に似ていること、人がある〈認識〉を自分の行動の基礎にしようと決心したなら、そこには蓋然性で表わされるような中間段階は存在せず、正に一つの真実・心証があることを明らかにした（a.a.O., SS. 16, 76）。ところで、著者は、第二部第一章第三節の冒頭で、「以下、これまで得られた決定心理学の知識を裁判官の事実認定の次元に応用する」と予告しているので、Bohne の右結論が第二次世界大戦後の心理学の著しい進展の成果に照らして発展的に検討されるのではないか、との期待感を抱かせたが、残念ながら、そこに Bohne を超えるものは何も見いだすことができなかった。この点も残念である。

（3）著者は〈蓋然性〉概念を数量的に決定できないことを理由に不必要としているが、この点については、われわれ二人の見解はわかれる。

①田中は次のように考えている。

裁判が正義を実現するためには、事実認定は正しくなければならない。また、裁判は迅速であることを要求される。しかるに、事実認定は、著者のいうように、その「情報基盤」において不十分である。訴訟の敵対的雰囲気と事件からの時間の経過が証拠（特に不利益を蒙る当事者の支配下にあるもの）を散逸させることは、自然の成り行きである。その結果、当事者は、いわば残滓しか立証に使えなくなる。しかもそういう残滓は、真実の証明ということよりも訴訟における勝利ということを念頭に置いて収集されている。かかる摩擦に耐えて証拠能力ありとされるものだけが感情を背景にして裁判官の面前に提出されるのである。こういう状況で、事実認定を強制されるとすれば、〈確実性〉を求めることは不可能で、法は、妥協せざるをえない（Cf. H. N.Hart Jr. and J. T. McNaughton, "Some Aspects of Evidence and Inference in the Law": in D. Lerner (ed.), Evidence and Inference, New York, 1962.）。したがって判決は、不確実性下における決定である。「蓋然性」とは、このような事情を反映した概念に外ならない。

②一方、庭山は次のように考えている。

民事訴訟ではともかく、刑事訴訟には「疑わしきは被告人の利益に」の大原則がある。訴追側はつねに「合理的な疑いを超えて」、被告人の有罪を立証しなければならない。ここに「合理的な疑いを超えて」とは、判断者の心証の中に合理的な疑いが残ってはならぬことを意味する。積極的に有罪とする方向に、少しでも疑いがあれば無罪としなければならない。このような心証は、たとえ判断者の主観であるにせよ、なお「確信」(Überzeugung)であり、「道徳的確実性」(moral certainty)の確認である。これを数量的な蓋然性をもって言い表すことはできない。もし、蓋然性をもって有罪判決が可能だとするならば、「嫌疑罰」を容認することとなんら異ならない結果を生み出すこととなろう。自由心証主義を根幹におく刑事裁判の体系は、裁判官の「確信」をもって、裁判の客観性の基本的保障とみなす訴訟体系である。「確信」の基盤を放棄するときは、現行刑事訴訟制度そのものが根底から覆えされることとなろう。(一九七六・九・三〇稿)

〈付記〉　著者の「経歴書」と「博士論文審査要旨」との入手は、今春西ドイツより帰国した浅田和茂氏(関西大学)のご好意による。記して感謝の意を表したい。

(判例タイムズ第三四〇号〈一九七七年〉、六七〜七一頁所収)

R・エグレストン著

証拠，証明および確率

Richard Eggleston, Evidence, Proof and Probability,London : Weidenfeld and Nicolson, 1978, xiv, 226 p.

庭山英雄
田中嘉之

本書はロンドンのWeidenfeld and Nicholsonから出版されている「生きている法」(Law in Context) シリーズ中の一冊である。このシリーズは単なる法律解説書ではなく、社会的・経済的文脈の中で生きている法を批判的に考察することを目的とし、実際的問題を広い視野から――隣接諸科学の助けを借りて――説明するというアプローチをその特色としている。アタイヤー著『事故、補償および法』(第二版)、ハデン著『会社法と資本主義』(第二版) タッパー著『コンピューターと法』ほか七冊がすでに公刊されており、本書 (Richard Eggleston, Evidence, Proof and Probability, 1978, pp. 226 + xiv) は同シリーズの一一冊目の本である。

一九八一年二月、中京大学法学部はオーストラリアのメルボルンにあるモナーシュ大学法学部と提携関係を結んだ。本書の著者エグレストンは現在同大学学長の職にあり、傍ら同大学法学部で教鞭をとっている。過去一四年間にわたりオーストラリア産業裁判所および首都区最高裁判所の判事の経験を有し、一九六六年から八年間、オーストラリア通商実務審判所の初代所長を務め、この間一九六七年から七三年まで会社法諮問委員会委員長の職を兼任し、オーストラリア会社法改正についての意見書をまとめた。かかる実務家としての仕事のみでなく研究者としても活躍著しく、とりわけ憲法および証拠法の分野での業績が多い。

著者が本書を書いた直接の動機は、マンチェスター大学心理学部のジョン・コーエン教授から「確率と法」に関する本を書いてみないかと勧められたことにあるという。そして間接の動機は、非法律家のみならず法律家・法律学徒のためにこの種の本の必要性が痛感されるにもかかわらず英語で書かれたものが見出せなかったことにあるという。叙述にあたっては、確率の問題が事実認定にとっていかに重要かを示すことと、平均的法律家が有する数学的知識さえあれば理解できることとが目標とされた。また、法律の専門用語については日常言語で説明を加え、法律家が苦手とする数学上の式や記号の使用を控えるとの配慮がなされた。

本書の本文は一四章から成り、巻末に注と索引とが付されている。以下、本書の内容を概観してみる。

第一章において著者はまず、本書で扱われる問題が、①確率が法においてどの程度の役割を果たしているか、②人間行動において確率が果たしている役割と法とがどこまで両立しうるか、の二つに大別されることを示し、次いで第二章以下のアウトラインを示す。

第二章「確率の意味」において著者はまず、「確率」を定義して「ある人が受け入れ、または採用した事実および仮説を前提として行うところの過去もしくは将来の出来事の見込みの評価（evaluation of the likelihood）」、いい代えれば「われわれのいう証明度」のことであると述べ、次いで数学における確率の計算法および統計と確率との関係について述べる。

第三章は「決定の基礎としての確率」と題される。一般市民が日常生活において下す決定のプロセスには通常、確率の大きさの測定が含まれているが、確率の大きいことだけが決定の理由となるわけでなく決定の結果の効用もしくは非効用も重要なファクターとなっている。著者はこのような日常的決定と裁判上の決定とを比較して、両者は、①裁判所には証言を強制するなど証拠収集の権限が与えられている、②一般市民ならば使うことのできる証拠が証拠法則により排斥されることがある、③裁判上の決定では効用もしくは非効用のルールが正確ではないにしろ定式化されているとの三点で異なるが、本質的にはなんら異なるものではない旨結論する。ここでは著者は明らかに決定理論（decision theory）に拠っている。「効用もしくは非効用」の意味はのちに第九章で明らかにされるが、さしあたり「誤判の重大性」と理解しておいてよいであろう。

ただしこれは論理的に見た場合の決定の構造であって、実際に裁判官や陪審がこのように決定しているわけではない。それは法心理学の研究対象である。この点について著者は、オードリーの研究——証拠提出の順序を変えると有罪率が異なってくる——とサイモン＝マーハンの研究——先に有罪無罪の結論を出させ後に有罪の確率を示させる場合とその逆の場合とでは有罪率が相当異なってくる——との二つを紹介している。

第四章ではオーストラリア法およびその母法たるイギリス法の訴訟手続が概説されている。改めて言うまでもなく、そこでは民訴、刑訴双方において当事者主義が採用されており、証拠法も若干の例外を除いて双方共通である。

第五章は「確率と証拠法」と名付けられる。まず証拠の許容性（admissibility）につき「証拠が法廷に顕出される（listened to by the court）資格」と定義される。ついで証拠法の構造が示され、説明が付されている。著者の分類ならびにコメントは次のとおりである。

(a) 関連性ある証拠の許容
(b) 排斥法則
(1) 類似事実証拠（similar fact evidence）およびその例外
(2) 伝聞証拠およびその例外
(3) 性格証拠およびその例外
(4) 特権（priviledge）——証言拒絶権など
(5) 予断（prejudice）

（c）拡張法則

（1）証人適格および信憑性に関する証拠

（2）情況証拠（surrounding detail）

（3）関連性ありとみなされる事実

イギリス証拠法は要証事実の確率に関係する証拠を許容する原則から出発し、確率と無関係の理由〔時間の節約、国益保護など〕からある種の証拠を排斥し、関連性ある証拠を提供している証人に関係する要件〔適格、信憑性など〕と、原則によれば立証困難な事実の証明のためのルールを定める必要からの拡張法則とが存在する。

第六章「確率・関連性および許容性」において著者は情況証拠による立証の論理について説く。情況証拠理論の論証の形式が演繹でなく帰納であることはつとにウイグモアが主張しているところであるが、著者はこれを以下のごとく分析している。

たとえば殺人罪では被告人の動機が問題にされるが、それは「確固たる動機をもつ者はもたない者より殺人を犯すことが多い」という一般化法則（generalization）をわれわれが受け入れているからであり、被告人の動機に関する証拠が提出されるとこれにもとづいて被告人を一般人よりも殺人を犯す頻度の高い者の階層（class）に入れることができる。つまり被告人有罪のみかけ上の確率が以前より高くなる。これが「関連性」(relevancy) の論理的意味である。このようにして関連性ある証拠がいくつも結びつくと合理的な疑問をいれない程度にまで心証が高められ、被告人有罪と言う結論に到達することができる。著者によれば有罪の証明とは無実の者がかくも多くの、それぞれ独立の階層（有罪者がこれに属する）に属することはありえないという事実を指摘することだ、というのである。

第七章は「類似事実証拠と確率」と題される。同章で著者は第五章で触れられた排斥法則（1）の類似事実証拠〔要証事実と一般的に似ているという点だけで関連性ある証拠は許容されない〕と、同法則（3）の性格証拠〔民訴では許容されないが刑訴では無罪立証の目的のためにのみ許容される〕とに関する多くの先例を確率との関係という観点から分析し、悪性格証拠法則の精密化を試みている。

第八章「立証責任と推定」において著者は、まずイギリス法における民訴、刑訴の立証責任分配法則〔概略わが国の場合と同様〕に触れ、次にいわゆる証拠提出責任（evidential burden）に触れている。著書によれば推定は左のように分類される。

（1）終局的または反証を許さない推定〔たとえば一四歳未満の者は強姦不能と推定すると定めたような場合。これは「一四歳未満の者は強姦罪で有罪とされることはない」と定めたに等しい〕

（2）立証責任に関する命題〔たとえばなにびとも有罪が立証されるまでは無罪と推定されるといった場合〕

（3）「A事実が証明された場合はB事実存在の証拠として取り扱わなければならない」とのルール

①そう取り扱うべきことを義務づける場合

②反対事実が証明されるまでそう取り扱わなければならない場合

③A事実の存在をB事実の存在の証拠として取り扱う場合

（4）事実の推定または仮推定（provisional presumption）〔A事実からB事実を推論することが許されるというルールの宣言であり、厳密には推定ではなく裁判官の確率に関する意思表明といえる〕

さらに著者は推定が用いられる理由として次の四点を挙げる。

（1）他の方法による立証が困難な場合に時間と費用との節約のため

（2）社会政策〔たとえば嫡出推定〕

（3）要証事実が被告の知識圏内に属すること〔たとえば運転者は所有者の許諾をえていると推定されると認定された場合〕

（4）どちらか不明の場合に出発点を定める必要〔たとえば死亡順序不明の場合には年齢順に死亡したものと推

定される」

最後に著者は「事実それ自体が証明している」（res ipsa reguitur）との推定則を分析して、「人類の経験によれば被告側に相当な注意義務違反がなければかかる事故は起こりえない」という推論の許容にほかならないと結論している。

第九章では事実認定論における重要問題――証明規準（standard of proof）――が検討される。刑事訴訟において裁判官は「立証責任は訴追側にあり、合理的疑問をいれない程度まで被告人が有罪であることに満足しないかぎり有罪としてはならない」と陪審に説示しなければならない。「合理的」が単なる哲学的もしくは想像上の疑問を除去するためにつけられた字句であることと、陪審員が日常生活において重要問題を決定する場合に必要とするよりも高いレベルの証明をそれが要求していることとは一般に承認されているが、その具体的意味は必ずしも明確ではない。イギリスの著名裁判官デニング卿はこれを「〔もちろんそういうことはありうるが、いささかの発生の確率もない〕とかたづけられるような乏しい可能性しか――被告人の弁解に――残されないほどに強力な証拠のそろったとき」と定義したが、今度は「乏しい可能性」（remote possibility）の意味が問題となる。ここからゴダート卿のように「合理的疑問」の使用を断念して「陪審が有罪の評決をするには被告人の有罪を得心し、それを確実と感ずる場合でなければならない」と説示する方がよいとする考え方も出てくる。

次いで著者は証明の規準に関する法心理学の研究成果を紹介する。ウォルシュの研究によれば「合理的疑問をいれない」についての感じを確率で表示させたところ、被験者の三分の一が〇・七以下、三分の一が〇・九以上、残りがその中間値を示したという。また前記サイモン＝マーハンの研究によれば、陪審員を被験者とする実験結果は右の結果とほぼ同じであったが、裁判官および社会学部の学生はそれより高いレベルを要求したという。

証明の規準は言葉の上ではどの犯罪についても変わらないが、その意味するところは犯罪の性質や結果の重大性によって変わる――犯罪の重大性（刑の重さ）に比例して証明のレベルも高度になっていく――と著者自身は考えている。決定理論によれば当然こういう結論になろう。

次に民訴では、証明の規準は「証拠の優越」で足り、それが「一方当事者の主張が他方当事者の反対の主張より確からしい」(more probable than not) という意味であることについては異論はない。サイモン卿はより明確に「賭け率五一対四九」の意味である旨述べている。ディクソン判事は「中立の重大性または事実認定から派生する結果の重大性は争点の証明があったか否かの問題の回答に影響を及ぼすこと必定の考慮である」と述べているが、これは著者と同様に決定理論に立つ見解といえよう。

以上は判決段階における証明の規準であるが、著者はこれに至るまでの中間段階における決定にさいしての証明規準、略式手続、民刑事控訴審、再審、検死官による判定、量刑の基礎となる事実、契約書記載と異なる合意の存在などの証明規準についても触れている。

第一〇章ではいわゆる公知の事実と私知、経験則、鑑定の問題が議論されている。著書によれば「公知の事実」(fact of notoriety) とは、通常人の誰もが知っていると推定するのが合理的な事実である。要証事実の認定にいわゆる私知を使うことは許されないが、確率について意見形成をする場合または証拠について解釈する場合に自己の有する一般的知識 (one's own general knowledge) を用いることは許される。ここにいう「一般的知識」とはわれわれのいう「経験則」を指すと解することができる。次に著者は鑑定の問題に移り、鑑定人の役割として次の四つを挙げる。

(1) 経験を一般化して法則を提示すること。

(2) 司書としての役割——自分自身は問題に対し直接に解答を与えることはできないが、それが載っている権威ある文献等を指示する場合がこれにあたる。

(3) 統計家としての役割——統計資料に統計学の方法を適用して有意義な結論を引き出す場合。たとえば保険計理士が鑑定人となった場合がそうである。

（4）擁護者としての役割——当該事件に適用されるべきルールを示した上、これに照らして事実を解釈してどういう結論が引き出せるかについて論証する。

さらに著者は鑑定人の資格、鑑定の許される事項と許されない事項、鑑定の強制の問題にも論及している。

第一一章「確率と事実認定」においては、事実認定にさいして確率の数学的な面がどこまで応用できるかという問題が論じられる。

この問題についてはフィンケルシュタイン＝フェアリーとトライブとの間の論争が有名である。この論争の詳細な紹介はスペースの都合上不可能であるが、要するに前者が証明度の測定にいわゆるベイズの定理を使うことを提案したところ、後者がその不完全さと危険性とを指摘して詳細な批判を加えたのである。〔M. O. Finkelstein and W. B. Fairley, "A Bayesian Approach to Identilfication Evidence", (1970) 83 Harv. L. R. 489; L. H. Tribe, "Precision and Ritual in the Legal Process", (1971) 84 Harv. L. R. 1329; Finkelstein and Fairley, "The Continuing Debate over Mathematics in the Law of Evidence", 84 Harv. L. R. 1801; Tribe, again, 84 Harv. L. R. 1810〕。

この問題についての著者の見解はこうである。ベイズの定理を事実認定の道具に使おうとすると陪審員を放逐して数学に強いものを募集しなければならなくなるが、この方法を使えるのはきわめてかぎられた事件のみであり、大部分の事件は経験にもとづく実際的判断によって解決可能——陪審員や経験豊富な法律実務家のよくなしうるところ——である。ベイズの定理はたとえば掌紋の発見がどの程度有罪の確率を高めるかを教えてくれる点にあるが、これを重視しすぎるのは危険。

第一二章は「信憑性と確率」と題される。同章において著者はまず証人が事実を語っているか否かを識別するためのファクターとして次の六点——そのうちの④と⑤とは反対尋問と密接に結びついている——を挙げる。①証言内容の整合性、②他の証言との整合性、③確実な事実との整合性、④信憑性に関する外部的証拠（肉体的または精神的な欠陥、一方当事者に対する敵意、証人の社会的評判）、⑤証言台における証言態度、⑥証言内容のもっともらしさもしくは途方のなさ。

次いで著者は実務家として得た以下のような諸経験則を摘示する。①正直な証人でも受けた質問が要証事実と関連性がうすいものであるときは自己または友人の名誉および友情を守るために偽証する。②裁判官は宣誓の威嚇力を過大評価しがちである。③証言台における証人の態度から信憑性を判断することは危険である。④裁判官は自己の記憶力・理解力と証人のそれらとの違いを正しく認識していない。

証明度を確率で表現できるのと同様に証拠の信憑性についてもそれが可能だとの前提から出発すると、複数の証拠を併せ考える場合の総合的証明力の計算法が問題となる。そこで著者はケインズの公式を紹介した上でこれに検討を加え、証言の信憑性は人の観察の不完全性、不完全な記憶から出てくる修正感情・偽証故意などのファクターの影響を受けるものであるから、このような計算には現実性がないとして退けている。また、総合的証明力をいかに論理的に分析したところで裁判官や陪審員がそのとおり合理的に思考を進めるとはかぎらないので、法心理学的研究が必要不可欠だとつけ加えている。

証拠提出の順序が有罪率を変えるというオードリーの研究についてはすでに第三章で紹介したとおりであるが、著者はここで次のようなベインの研究結果を紹介している。同一の立証趣旨の証拠を積みかさねても証明力の力量はほとんど変わらない。五〇点の有利な証拠と一点の不利な証拠といった場合よりも一〇点の矛盾のない証拠といった場合の方がはるかに証明力が強い。

第一三章の「確率と予測」の要旨は左のとおりである。イギリス法は過去の事実の証明と将来の事実の証明とをはっきりと区別し、前者ではたとえば被告の過失の存在が絶対的確実性をもって証明された場合でも、証拠の優越をもって証明された場合でも、損害賠償についての認容額が変わることはない。すなわち証明度は結論に影響を及ぼさない。これに対し後者では、たとえば原告が将来ある手術を受けることが確率四〇％であるときは手術費用の四〇%のみが認容されるというように証明度が結論に影響を及ぼす。このような差別的取扱いがなされるべき理由はなにか。論理的にはなんら根拠がない。過去の事実の認定はすでに発生した事実の発見であるが、将来の事実はこれを予測できるにすぎない。前者では「勝者が全部取るべし」(winners take all) の原則が妥当しても、後者では予測の不完全性 (future contingencies) に配慮するなら確率に応じて損害を分担させる方が正義にかなうとの思想の方が妥当しよう。

第一四章においては著者はまず統計学の標本抽出 (sampling)〔抽出した標本から母集合を推測するテクニック〕の事実認定への応用を論ずる。たとえば積荷のうちのどれだけが欠陥商品であったかといった問題のように無生物の特徴が問題となる事件や、商標侵害事件で消費者が偽物を本物とどの程度混同したかの問題のように母集合の心的状態が問題になる場合には、標本〔抜取見本やアンケート調査の結果〕を証拠として全体〔要証事実〕を推定するという立証方式を認めるべきであると提言する。アメリカやカナダではすでにこのような調査証拠 (survey evidence) が伝聞法則の例外として許容されているというのである。

著者は最後に将来を展望して次のように結んでいる。

統計が利用でき、それぞれにもとづいて専門家が意見を述べられる場合には、承認された確率計算法を使って得た結果を法廷に提出することを許さない理由は存在しない。紛争が次第に複雑かつ技術的になりつつある昨今の傾向を考えると、法律家は好むと好まざるとにかかわらず――将来においては――益々専門家に依存せざるをえなくなろう。しかし現段階では事実認定過程にあまりにも多くの測定不可能要素が含まれているので、例外的な事件以外で計算を使うことはまず不可能といってよい。事実認定にコンピューターを用いる時代の到来することを予測する者もいるが、訴訟の大部分は自力解決力をもっていることと数学的モデルにインプットすべき確率の大きさの測定が裁判官の直観的判断によらざるをえないこととを思い合わせると、それは誤りといえよう。法律家が確率の理論を覚え、専門家の意見の理解力を身につければ理論的な議論に正当なウエイトをおくようになるというのが将来のあるべき姿の直相であろう。

以上が本書の概要であるが、これを前提として以下に所見を記そう。

訴訟では要証事実についての証拠にもとづく証明が問題になる。証拠は時間の経過とともに廃棄や記憶喪失などにより散逸するし、当事者は訴訟における勝利を目的とするから不利益証拠を隠匿することがある。証人が病気のため証言不能ということもあるし、外国滞在中のため証拠調べに要する費用が負担能力を超えることから証人申請を断念せざるをえないことがある。また、他人の紛争にかかわりあうことのわずらわしさから協力を拒む証人がおり、出廷した証人でも人間関係への配慮から記憶を正直に語るとはかぎらないし、訴訟法はいろいろな場合に証言拒絶権をみとめている。それよりもっと根本的な問題として人間の知覚および記憶の不完全性ということもある。右の理由から当事者は実際には証拠としては「残滓」しか利用できないといっても過言ではない。しかもそれらのうち証拠法にてらして証拠能力をもつもののみが許容され、感情のこもった雰囲気の中で調べられる。

訴訟が学問のように真実発見のみを目的とするのであれば、確実性を求めて確信に至るまで決定を下さないことも許されよう。そして誤判も起こらないであろう。しかし現実には法は迅速な裁判を要求している。訴訟法の許容する時間内に立証責任を負う当事者が要証事実の確実性を証明すべきことを要求することも立法政策上は可能であろう。この場合にも、無実の被告人を有罪とし権利なき者に権利を認容するという意味での誤判は起こらない。しかし真犯人を無罪とし権利ある者に権利を与えないという意味における誤判は大いに起こりうる。むろんこの意味での誤判も望ましいことではない。かくして法は妥協を余儀なくされる。証明基準としての「合理的疑いをこえる」「高度の蓋然性」「証拠の優越」はこのような妥協の表現である。

したがって訴訟における事実認定は「不確実性下における決定」であるといえる。数学における確率論は「不確実性」を表現し、それを論理的に計算するための公理系である。よって事実認定の論理的な研究は確率論とかなりの親近性をもつ。

カプランは不確実性下における決定の論理的構造を研究する決定理論（decision theory）を事実認定過程に応用する可能性を研究して〔J. Kaplan, Decision Theory and the Factfinding Process, 20 Stanford L. R. 1065 (1968)〕フィンケルシュタイン＝フェアリーはベイズの定理〔ある証拠の提出により事前確率（証拠提出前の証明度）がどのように修正されるかを示す定理〕を証明度測定のために応用する研究を発表した〔前掲の一九七一年論文〕。トライブはこれらの立場を「数学主義」（Mathematicism）と名づけ、これらが現実の裁判において使用されるには不完全すぎるばかりか危険なものでもあることを指摘して詳細な批判を展開した〔前掲の Harv. L. R. 1329 (1971) 掲載論文の第一部は後者に対する批判、第二部は前者に対する批判である〕。右叙述は事実認定の確率論的研究の二、三の実例を挙げたものにすぎないが、このテーマに対する関心は次第に高まってきているといえよう〔わが国でも再審にからんでベイズ理論の問題性が指摘された。参照、田中輝和編著「弘前事件古畑鑑定における確率の計算をめぐって」東北学院大学論集法律学第十六号（一九八〇年）九五頁〕。しかし法律家の手になる著書においては事実認定過程で確率の果す役割はほぼ無視され、統計学者ら確率の専門家もこの点について法律家の役に立つような包括的な書物を書いていない。本書は事実認定過程にとどまらず証拠法にまで立ち入って確率の中心的役割を体系的に論じたおそらく最初の本であろう。このテーマに関心をもつ者にとって待望の書ともいえる。しかも本書は確率論についてごく初歩的な知識さえ持ち合わせていれば理解できるように叙述されており、数学を苦手とする者にとってもとっつきやすく、法律家向け啓蒙書としても優れている。

事実認定は常に論理的に正しく行われるとはかぎらない。したがってその論理的研究が重要であることは間違いないが、それに劣らず事実認定の実際的な面の研究も重要である。実際に法的文脈において人間がどのように感じ、考え、行動するかという問題を科学的に研究する学問は「法心理学」(legal psychology) と呼ばれ、英米では一〇年ほど前から盛んに研究が行われるようになった〔D. P. Farrington et al. (eds.), Psychology, Law and Legal Process, London: Macmillan, 1979 は法心理学がこれまで研究してきた問題の種類と成果とを簡潔にまとめている好著である〕が、本書が必要な箇所で法心理学の研究成果を紹介し、また著者が実務の経験からえた教訓を披瀝しているのは有益である。しかし本書にももの足りなさの感じられる点がないではない。「確率」には大別すると①信念の度合い、②可能性の比、③相対頻度、④証拠の支持の度合いないし論理的確率 (logical probability) の四つの意味がある。〔参照、大森『帰納と確率』沢田他編・岩波講座哲学編第十巻論理(一九七一年)所収〕。「証明度」はこのうちのどの意味であろうか。グランヴィル・ウイリアムズやフィンケルシュタインは右に示した③相対頻度の意味だとする。すなわち「合理的疑いをいれない」なる概念を確率で表わすと九九%だという場合、一〇〇人の被告人のうち一人の無実の被告人を誤って有罪とする危険を意味するというのであるる〔G. Williams,The Proof of Guilt, 3rd-ed., London: Stevens and Sons, 1963, pp.186 et seq.; M. O. Finkelstein, Quantitative Methods in Law, New York: The Free Press, 1978, pp.65 et seq.〕。

しかしエイヤーが批判したように、相対頻度はたとえば生命保険会社が保険料算定の目的で加入時年齢三〇歳の男子が六五歳までに死亡する確率を問題にする場合のように統計的判断になじんでも、われわれが事実認定にさいして行うように「個」(individual) に関心をもつ場合には適切でない〔A. J. Ayer, Probability and Evidence, London: Macmillan, 1972, pp.43 et seq.; The Central Questions of Philosophy, London: Weidenfeld and Nicholson, 1973, pp.166 et seq.〕。これに対してフィンケルシュタインは、数学的確率が過去のユニークな事象に適用不可能であるとの考えは統計的推論になじんでいないことの反映で、通常はユニークと考えられる過去の事象でも反復して起こると考えられるから数学的確率の適用を妨げないと説明している〔supra, pp.63, 64〕。

著者の「確率」の定義を見ると、前記④論理的確率の意味に解釈しているようである。しかし判決が「……の証拠によれば……と認めることができる」といっても、それは「真実と合致するか否かは格別、……の証拠との関係では……は確からしい」といっているのではない。それには言外に「真実との一致」と意味が含まれているように思われる〔Cf. Ayer, Probability and Evidence, pp.54 et seq.; The Central Questions of Philosophy, pp. 176 et seq.〕。本書ではこういう最も基本的な問題が論じられていない。

たとえば「確固たる動機をもつ者はもたない者より殺人を犯すことが多い」とか「犯人は警官を見て十中八九逃げ出す」とか「人は全く金銭を必要としないのに他人から金銭を借りることはない」などのいわゆる経験則は科学哲学において「非数量的確率命題」(non-numerical probability statement) または「傾向言明」(tendency statement) と呼ばれるものであって、それは「相対頻度」を表している。本書でも経験則にもとづく推論を論理的に分析しているが、最も根本的な問題は経験則中の確率〔相対頻度〕が証明度にどのように関係するかということである。前者が後者に直接結びつくというのが前記ウイリアムズやフィンケルシュタインの考え方である。本書が出版される前年にジョナサン・コーエンがオックスフォード大学出版局から『確率と証明力』(後掲)と題する本を出版し、この問題に正面から取り組んだ。その中でコーエンは次のように論じた。ウイリアムズらのように過去において事実Aが事実Bとどれだけ結びついてきたかという相対頻度によって証明度を測定すると、つまり証明度が数学的確率の公理系になじむとすると、証明度についていわゆる余事象定理・乗法定理の適用を認め事前確率の存在を認めなければならなくなるが、それを認めるなら長年われわれの文化そのものや法律家の考え方の中に潜在している考え方との間に重大な矛盾が生じてくるであろう〔コーエンはここにいう数学的確率を確率論がパスカルによって考え出されたことにちなんで「パスカル的確率」(Pascalian probability) と呼んでいる〕。したがって、証明度は数学的確率そのものではなく、それとは別物の「帰納的確率」(inductive probability) であり、事実Aが事実Bと因果的に結びつく傾向を妨害するものがどこまで排除されているかを表明するものである〔コーエンはこの意味での確率を「ベーコン的確率」(Baconian probability) と呼んでいる〕。

右のコーエンの所論をウイリアムズが批判したことから、最近両者の間で論争が行なわれた〔G. Williams, The Mathematics of Proof Ⅰ,Ⅱ,Crim. L. R.（1979）; J. Cohen, The Logic of Proof, Crim. L. R. 91（1980）; G. Williams, A Short Rejoinder, Crim. L. R.103（1980）; J. Cohen, The Mathematics of Proof, Crim. L. R. 257（1980）〕。この論争の中で本書がとりあげられ、数学的確率派に属するものとして扱われている。数学的確率派に対するコーエンの批判は多岐にわたるが、そのうちの二点をとりあげ検討してみることとしよう。

〔1〕数学的確率の余事象定理によると、ある事象の確率を仮にxとするなら、その反対事象の確率は$1-x$となる。被告人有罪の証明度（原告主張の証明度）をxとすると、被告人無罪（原告主張と反対の被告主張）の証明度は同じく$1-x$である。そうだとすればたとえば一〇〇〇人の観衆が入ったロデオ大会が開催されて、そのうちの四九九人が入場料を支払い、残りの五〇一人が不法入場者であった（たとえばフェンスを乗りこえて入った）としよう。観客の一人Aに入場料を支払った証拠がなく（入場券が発行されていなければ正当な入場者も証拠となる半券をもっていない）、不法入場者であることを示す証拠もないとき、数学的確率派の考え方ではAが不法入場者であることの証明度は0.501となろう。証拠の優越と言う民訴的な証明規準によるとAを被告として主催者が入場料支払いを請求した場合には原告勝訴とせざるをえないであろう。

かくして一〇〇〇人の観客全員から主催者は入場料を取り立てることができることになるが、主催者はすでに四九九人から入場料を受けとっているので右判決は明らかにおかしい。コーエンはこれを「入場門破りのパラドックス」と呼んでいる〔L. Jonathan Cohen, The Probable and the Provable, Oxford UP, 1977, p.74〕。

ウイリアムズは証明度研究のルールのほかに「被告を不法入場者としてはっきり浮かび上がらせなければならない」との法の要請があるにもかかわらず右の証明はこれを満たしていないので原告勝訴は不当だと反論する。そしてたとえ一〇〇〇人の中で五〇人しか入場料を支払っていない場合でも同様だという〔The Mathematics of Proof, supra, pp.304, 305〕。これに対してコーエンは、右結論が正義感の要求するところであればこれに適合しないパスカル的確率は棄ててベーコン的確率を採用すべきだと述べた上で次のような説明を加える。「犯人は警官を見て十中八九逃げ出す」という経験則により、被告人が警官を見て逃げ出したとの情況証拠があれば被告人有罪の証明度が高まるが、それは罪悪感が逮捕の恐怖感を惹起するとの因果関係が存在するためである。しかし入場料を支払わなかったということは座席に座っていたことの原因ではないから、座席に座っていたことは無料入場の証拠の証明度をなんら高めることはない〔The Logic of Proof, supra, pp.98, 99〕。

〔2〕信憑性と確率との関係について述べた第一二章において著者は次のように述べる。殺人被告事件において「被告人が犯行現場の方へ歩いて行くのを見た」というA証言と「被告人が被害者を襲っているのを見た」というB証言とがある場合、被告人有罪の証明度は両証言の信憑性の判断にかかっている。両証言の信憑性が数学的確率で共に0.7であるとき両証言が確率的に独立であると仮定すると、被告人の有罪の証明度は乗法定理により0.49まで下がる〔本書一〇六頁〕。ウイリアムズはこれを引用して「この点に気づかなかったためにどれだけ多くの人々が誤って有罪とされてきたかわからない」と述べている。〔The Mathematics of Proof, supra, p.341〕。

右の場合につき、ウイリアムズや著者のように考えるべきか、それとも両証言は補強しあうと考えるべきか。コーエンのいうベーコン的確率の乗法定理では、複数の証拠を併せ考える場合の証明力はその中の最も低い証明力をもつ証拠の証明力と同等である。コーエンはベーコン的確率は推論の強さを測定する方法としてわれわれの文化の中に存在すると考えているのである。

以上がウイリアムズ対コーエン論争の要旨であるが、コーエンは数学的確率派の所論を批判するにとどまらず、ベーコン的確率論を詳細に展開して公理系にまとめている。このように事実認定過程を確率論の立場から論理的に分析する研究は本書の出版後さらに深みを増しているように思われる。

右に指摘した基本的問題や根本的問題に触れていない点で部分的に研究の深さに欠けるきらいがないではない

が、事実認定過程のみならず証拠法領域にまでふみ込んで体系的に確率論的分析を加え、多くの興味深い結論を引き出している点で、本書は高く評価されてよいであろう。

〈庭山付記〉

共著者田中嘉之氏は弁護士実務に従事する傍ら事実認定問題の研究を続けている篤学の士である。二人で協力して本書を足かけ三年がかりで読み、両名の意見の一致する範囲内で本稿をまとめた。切れ味の鋭さという点で本稿に欠けるところがあるとすればそのためである。田中氏の名誉のために特に付記する。

（中京法学第一六巻第三号〈一九八二年〉所収）

訳者紹介

庭山英雄（にわやま・ひでお）

1929 年　群馬県生まれ
1957 年　京都大学法学部卒業
1966 年　一橋大学大学院法学研究科博士課程修了
1974-75 年　欧米留学
1979 年　法学博士（京都大学）
　中京大学，香川大学，専修大学各教授を経て
現在　弁護士，公設弁護人研究所（法学館）所長，法と心理学会監事

＜主著＞

自由心証主義――その歴史と理論（学陽書房　1978 年）
G．ウィリアムズ著　イギリス刑事裁判の研究（訳　学陽書房　1981 年）
G．グッドジョンソン著　取調べ・自白・証言の心理学（共訳　酒井書店　1994 年）
B．シャピロ著 「合理的疑いを超える」証明とはなにか（共訳　日本評論社　2003 年）

田中嘉之（たなか・よしゆき）

1942 年　岐阜県生まれ
1965 年　一橋大学法学部卒業
1965 年　司法試験合格
1967 年　一橋大学法学研究科修士課程修了
1967-69 年　司法修習
1969 年　名古屋にて弁護士開業。幅広く実務を行なうかたわら，大学院時代以来の研究にも従事
2001 年　一橋大学に提出予定の博士論文準備中，虚血性心疾患により急逝

＜主著＞

因果関係の証明（上）（中）（下）（一橋論叢 66 巻 5 号，6 号，67 巻 1 号　1970-71 年）
イタイイタイ病第一次訴訟第一審判決にみる因果関係論（上）（中）（下）（一橋論叢 68 巻 3 号，4 号，6 号　1972 年）
事実認定と説明的推論（一橋論叢 94 巻 5 号　1998 年）

法は言うまでもなく人間の現象である。そして心理学は人間の現象にかかわる科学である。それゆえ法学と心理学はおのずと深く関わりあうはずの領域である。ところがこの二つがたがいに真の意味で近づき，交わりはじめたのはごく最近のことにすぎない。法学は規範学であり，一方で心理学は事実学であるという，学としての性格の違いが両者の交流を妨げていたのかもしれない。しかし規範が生まれ，人々のあいだで共有され，それが種々の人間関係にあてはめられていく過程は，まさに心理学が対象としなければならない重要な領域のひとつであり，その心理学によって見出された事実は，ふたたび法の本体である規範に組みこまれ，その規範の解釈や適用に生かされるものでなければならない。

「法と心理学会」はこうした問題意識のもとに，2000 年の秋に立ち上げられた。時あたかも 20 世紀から 21 世紀へと移る過渡であった。法の世界も心理学の世界もいま大きく変わりつつあり，そこに問題は山積している。二つの世界にともにかかわってくる諸問題を学際的に共有することで，現実世界に深く関与できる学を構築する。そのために裁判官，検察官，弁護士をはじめとする法の実務家を含め，法学と心理学それぞれの研究者が双方から議論を交わし合う。そうした場としてこの学会は出発した。この学会はその性格上，けっして学問の世界で閉じない。つねに現実に開かれて，現実の問題を取りこみ，現実の世界に食いこむことではじめてその意味をまっとうする。

以上の趣旨を実現する一環として，私たちはここに「法と心理学会叢書」を刊行する。これは私たちの学会を内実化するためのツールであると同時に，学会が外の現実世界に向かって開いた窓である。私たちはこの窓から，法の世界をよりよき方向に導き，心理学の世界をより豊かにできる方向が開かれてくることを期待している。

2003 年 5 月 1 日

法と心理学会

http://www.law.psych.chs.nihon-u.ac.jp

[法と心理学会叢書]

裁判官の心証形成の心理学

ドイツにおける心証形成理論の原点

2006年3月10日　初版第1刷印刷　定価はカバーに表示
2006年3月20日　初版第1刷発行　してあります。

原著者　G.　ボーネ
訳　者　庭山英雄
　　　　田中嘉之
発行所　㈱北大路書房
〒603-8303　京都市北区紫野十二坊町12-8
電　話　(075) 431-0361㈹
FAX　(075) 431-9393
振　替　01050-4-2083

制作／T.M.H.　印刷・製本／亜細亜印刷㈱
検印省略　落丁・乱丁本はお取り替えいたします。
ISBN4-7628-2492-5　Printed in Japan